David Koutsoukis

Tolerant! Engagiert! Selbstbewusst!

80 Arbeitsblätter für soziales Lernen

Verlag an der Ruhr

Impressum

Titel der deutschen Ausgabe: **Tolerant! Engagiert! Selbstbewusst!**
80 Arbeitsblätter für soziales Lernen

Titel der australischen Originalausgabe: Values Education Toolkit 10–12 and Lower Secondary

© der australischen Originalausgabe: first published by RIC Publications ® 2006

Autor: David Koutsoukis

Titelbildmotiv: © James Thew – Fotolia.com

Übersetzung: Friedrich Helmschrott

Bearbeitung für Deutschland: Verlag an der Ruhr

Druck: AALEXX Buchproduktion, Großburgwedel

Verlag: Verlag an der Ruhr
Alexanderstraße 54 – 45472 Mülheim an der Ruhr
Postfach 10 22 51 – 45422 Mülheim an der Ruhr
Tel.: 02 08/439 54 50 – Fax: 02 08/439 54 239
E-Mail: info@verlagruhr.de
www.verlagruhr.de

ISBN 978-3-8346-0571-9

geeignet für die Klasse 5 6 7 8 9 10

Die Schreibweise der Texte folgt der neuesten Fassung der Rechtschreibregeln – gültig seit August 2006.

Gedruckt auf chlorfrei gebleichtes Papier.

ÖKOPROFIT® Mülheim an der Ruhr 2007/2008

Wir sind seit 2008 ein ÖKOPROFIT®-Betrieb und setzen uns damit aktiv für den Umweltschutz ein. Das ÖKOPROFIT®-Projekt unterstützt Betriebe dabei, die Umwelt durch nachhaltiges Wirtschaften zu entlasten.

Respect Copyright – Encourage Creativity

Inhaltsverzeichnis

Kapitel 5:
Ziele entwickeln und erreichen

Kapitel 6:
In der Gemeinschaft leben

Einleitung

Was sind Werte eigentlich?

Der Brockhaus definiert Werte als „Übereinkommen zwischen Menschen" und erläutert: „Aus dem Wertesystem ergeben sich Orientierungs- und Handlungsmaßstäbe, Normen, die wiederum zur Grundlage von Bewertungen dienen".
(Quelle: Brockhaus Enzyklopädie in 24 Bänden, Bd. 24, S. 81, Mannheim 1994).

Werte stellen also innerhalb einer Gesellschaft ein System dar, nach dem die Menschen miteinander leben und agieren. Dieses Miteinander-Leben hat jeder Einzelne derer, die eine Gemeinschaft bilden, in der Hand, kann jeder Einzelne beeinflussen. Wer einen festen Werterahmen hat, dem wird es leichtfallen, sich besonders sozial zu verhalten. Menschen mit unsozialem Verhalten mangelt es dagegen oft an einem Werterahmen.
In der 14. Shell-Studie heißt es außerdem: „Als Wertorientierungen werden wesentliche Elemente der menschlichen Psyche bezeichnet, die festlegen, was im Leben wichtig ist, was im Leben angestrebt wird."
(Quelle: www.uni-koblenz-landau.de)

Warum Werte unterrichten?

Auf diese Prioritäten im positiven Sinne Einfluss zu nehmen, das soll der Zweck der vorliegenden Materialien sein. Studien beweisen, dass Jugendliche heute tendenziell traditionelle Werte hochhalten, dass sie sich engagieren wollen, hilfsbereit sind, Verantwortung übernehmen möchten. Diese Arbeitsblätter zeigen ihnen Möglichkeiten auf, wie sie derlei Ideale im Alltag umsetzen können. Auf der anderen Seite gibt es aber heute auch viele Jugendliche, denen ein fester Werterahmen fehlt, da Elternhaus und soziale Umgebung nicht immer für einen solchen sorgen (können). Was die Jugendlichen nicht kennen gelernt haben, können sie auch nicht leben. Die Arbeitsblätter sollen darum ein grundsätzliches Bewusstsein für positive Werte schaffen bzw. schärfen, sollen die Vorteile eines Wert-vollen Miteinanders verdeutlichen, sollen die Jugendlichen dazu anregen, ihre Vorstellungen zu hinterfragen, neue Perspektiven zu gewinnen, Wertvorstellungen aktiv zu leben.

Sie werden die Auswirkungen ihres Handelns auf sich selbst, auf andere und auf die Umwelt besser abschätzen können und ein Gespür dafür bekommen, welche Möglichkeiten der Einflussnahme sie haben.
Dabei sollen die abwechslungsreichen und handlungsorientierten Aufgaben und die dazugehörigen Diskussions- und Gesprächsanlässe für einen nachhaltigen Lernerfolg sorgen.

Zum Aufbau dieses Buches:

Sechs Kapitel – sechs Wertebereiche
Dieses Buch unterteilt sich in sechs Kapitel, die unterschiedliche Wertebereiche zum Inhalt haben:

- Sich selbst kennen, schätzen, gut behandeln,
- Andere schätzen – andere respektieren,
- Die Umwelt schätzen und schützen,
- Wissensdurst und „Lernlust",
- Ziele entwickeln und erreichen,
- In der Gemeinschaft leben.

Hinweise für Lehrer/Diskussionsanregungen und Gesprächsanlässe
Neben den Arbeitsblättern enthält jedes Kapitel Hinweise für den Lehrer*. Sie beinhalten eine Einführung in das Kapitel sowie eine Zusammenstellung von Diskussionsthemen und Gesprächsanlässen zu jedem Arbeitsblatt. So können Sie sicherstellen, dass auch eine Reflexion der Lerninhalte stattfindet.

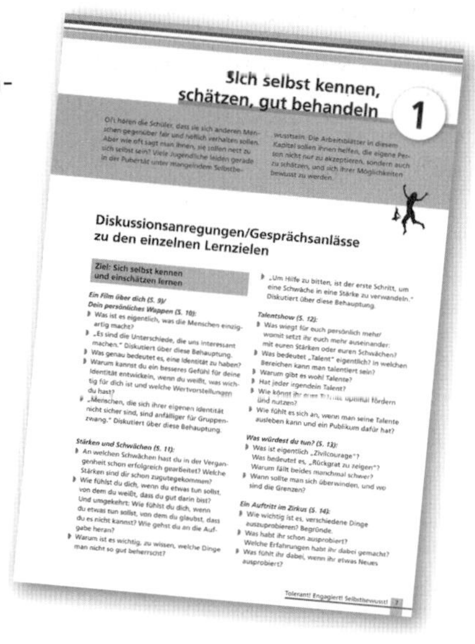
Sich selbst kennen, schätzen, gut behandeln 1

Diskussionsanregungen/Gesprächsanlässe zu den einzelnen Lernzielen

*Aus Gründen der besseren Lesbarkeit haben wir in diesem Buch durchgehend die männliche Form verwendet. Natürlich sind damit auch immer Frauen und Mädchen gemeint, also Lehrerinnen, Schülerinnen etc.

Arbeitsblätter

Auf den Arbeitsblättern werden innerhalb der einzelnen Kapitel bestimmte Themenbereiche vertieft. Sie sind nach Lernzielen geordnet und können sowohl einzeln als auch im Rahmen einer Unterrichtsreihe eingesetzt werden.

Weitere Aktivitäten

Zu jedem Kapitel gehört außerdem ein Überblick mit einigen zusätzlichen Aktivitäten, geordnet nach den Lernzielen des einzelnen Kapitels. Sie können diese Aktivitäten als Alternativen zu den Arbeitsblättern, zur Vertiefung der Lerninhalte mit der ganzen Klasse oder als Zusatzaufgaben für leistungsstärkere Schüler nutzen.

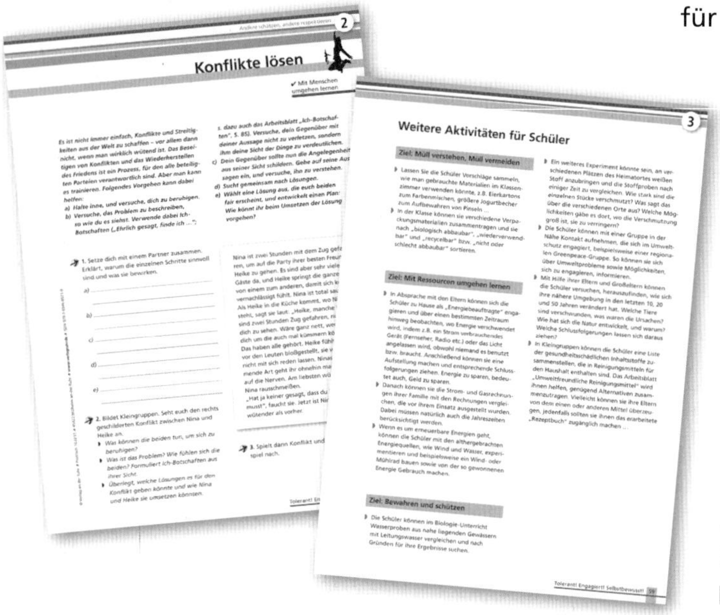

Konflikte lösen

Weitere Aktivitäten für Schüler

Ziel: Müll versehen, Müll vermeiden

Ziel: Mit Ressourcen umgehen lernen

Ziel: Bewahren und schützen

Verwendungsmöglichkeiten des Buches

Die Arbeitsblätter und Aktivitäten in diesem Buch können

- gelegentlich und nach Bedarf in der Klasse verwendet werden,
- in ein systematisches Programm zum sozialen Lernen eingebaut werden,
- im Kontext verschiedener Veranstaltungen zum Thema „Werte“ eingesetzt werden (z.B. im Rahmen eines Projekttages/einer Projektwoche).

Sich selbst kennen, schätzen, gut behandeln

1

Oft hören die Schüler, dass sie sich anderen Menschen gegenüber fair und höflich verhalten sollen. Aber wie oft sagt man ihnen, sie sollen nett zu sich selbst sein? Viele Jugendliche leiden gerade in der Pubertät unter mangelndem Selbstbewusstsein. Die Arbeitsblätter in diesem Kapitel sollen ihnen helfen, die eigene Person nicht nur zu akzeptieren, sondern auch zu schätzen, und sich ihrer Möglichkeiten bewusst zu werden.

Diskussionsanregungen/Gesprächsanlässe zu den einzelnen Lernzielen

Ziel: Sich selbst kennen und einschätzen lernen

Ein Film über dich (S. 9)/ Dein persönliches Wappen (S. 10):

- Was ist es eigentlich, was die Menschen einzigartig macht?
- „Es sind die Unterschiede, die uns interessant machen." Diskutiert über diese Behauptung.
- Was genau bedeutet es, eine Identität zu haben?
- Warum kannst du ein besseres Gefühl für deine Identität entwickeln, wenn du weißt, was wichtig für dich ist und welche Wertvorstellungen du hast?
- „Menschen, die sich ihrer eigenen Identität nicht sicher sind, sind anfälliger für Gruppenzwang." Diskutiert über diese Behauptung.

Stärken und Schwächen (S. 11):

- An welchen Schwächen hast du in der Vergangenheit schon erfolgreich gearbeitet? Welche Stärken sind dir schon zugutegekommen?
- Wie fühlst du dich, wenn du etwas tun sollst, von dem du weißt, dass du gut darin bist? Und umgekehrt: Wie fühlst du dich, wenn du etwas tun sollst, von dem du glaubst, dass du es nicht kannst? Wie gehst du an die Aufgabe heran?
- Warum ist es wichtig, zu wissen, welche Dinge man nicht so gut beherrscht?
- „Um Hilfe zu bitten, ist der erste Schritt, um eine Schwäche in eine Stärke zu verwandeln." Diskutiert über diese Behauptung.

Talentshow (S. 12):

- Was wiegt für euch persönlich mehr/ womit setzt ihr euch mehr auseinander: mit euren Stärken oder euren Schwächen?
- Was bedeutet „Talent" eigentlich? In welchen Bereichen kann man talentiert sein?
- Warum gibt es wohl Talente?
- Hat jeder irgendein Talent?
- Wie könnt ihr eure Talente optimal fördern und nutzen?
- Wie fühlt es sich an, wenn man seine Talente ausleben kann und ein Publikum dafür hat?

Was würdest du tun? (S. 13):

- Was ist eigentlich „Zivilcourage"? Was bedeutet es, „Rückgrat zu zeigen"? Warum fällt beides manchmal schwer?
- Wann sollte man sich überwinden, und wo sind die Grenzen?

Ein Auftritt im Zirkus (S. 14):

- Wie wichtig ist es, verschiedene Dinge auszuprobieren? Begründe.
- Was habt ihr schon ausprobiert? Welche Erfahrungen habt ihr dabei gemacht?
- Was fühlt ihr dabei, wenn ihr etwas Neues ausprobiert?

- Was würdet ihr versuchen, wenn ihr wüsstet, es könnte nicht schiefgehen?

Entscheidungen treffen (S. 15/16):

- Schildert euren Mitschülern eine Situation, in der ihr eine falsche Entscheidung getroffen habt. Welche Konsequenzen hatte das? Was habt ihr daraus gelernt?
- Schildert ihnen außerdem eine Situation, in der ihr eine gute Entscheidung getroffen habt. Waren andere Leute auch der Ansicht, dass es eine gute Entscheidung war? Wie habt ihr euch dabei gefühlt? Wohin hat euch die Entscheidung gebracht?
- Wie sollte man mit Entscheidungen umgehen, die sich als falsch herausstellen?

Mit Fehlern umgehen (S. 17):

- Sollten wir uns selbst verzeihen, wenn wir einen groben Fehler gemacht haben? Warum bzw. warum nicht?
- Wie kann man sich selbst verzeihen und das Vergangene auf sich beruhen lassen?
- Wie wichtig ist es, dass einem auch andere verzeihen, wenn man etwas falsch gemacht hat? Wie wichtig ist es für einen selbst, wiederum anderen zu verzeihen?

Ziel: Fit, gesund und entspannt sein

Der perfekte Sportplatz (S. 18):

- Welche Rolle spielt der Sport in deinem Leben? Welchen Sport bzw. welche Übungen magst du persönlich am liebsten? Warum?
- Ist es wirklich so wichtig, fit und sportlich zu sein? Welche Vorteile bringt das mit sich?

Du bist, was du isst … (S. 19):

- Was bedeutet das eigentlich, eine „ausgewogene Ernährung"?
- Welche Auswirkungen kann es haben, wenn man Lebensmittel mit zu geringem Nährwert, generell zu wenig oder auch zu viel isst? Hat das beispielsweise auch Auswirkungen auf schulische Erfolge?
- Welche Rolle spielen Aspekte wie Freunde, Geld, Werbung sowie Anlässe wie z.B. Partys hinsichtlich der Ernährung? Wie kann man sich von derlei Einflüssen unabhängiger machen?

Ein total entspanntes Wochenende (S. 20):

- Warum ist es wichtig, sich Zeit zum Entspannen zu nehmen? Was bewirkt Entspannung?
- Warum entspannen sich Menschen auf unterschiedliche Weise?
- Wie entspannt ihr euch am liebsten?

Ziel: Gefühle zeigen und verstehen

Liebe ist … (S. 21):

- Liebe kann es in ganz unterschiedlichen Formen geben. Tauscht euch über mögliche Varianten aus.
- Glaubt ihr, dass ihr den Menschen, die ihr liebt, eure Gefühle ausreichend zeigt? Warum ist das im Alltag manchmal so schwer?

Glück und Unglück (S. 22/23):

- Inwieweit beeinflusst die eigene Haltung die Umgangsweise mit Dingen und somit auch ihren Verlauf?

Einstieg

• Filmklappe + Oskar

• Wenn man einen Film über die Ferien drehen würde,
-> welche Stadt/welches Dorf wäre zu sehen
-> welche zwei Personen wären zu sehen
bei wem wäre es ein lustiger Film?

Ball 2-3x weiterwerfen

Ein Film über dich

✔ Sich selbst kennen und einschätzen lernen

Stelle dir vor, über dein bisheriges Leben soll ein Film gedreht werden. Die wichtigsten Entscheidungen will der Regisseur nicht ohne dich fällen.

1. Der Regisseur will von dir Vorschläge hören, welcher Schauspieler dich deiner Meinung nach am besten darstellen könnte. Wen würdest du vorschlagen? Warum?

Schauspieler: ______________________

Begründung: ______________________

____

____

2. Dem Regisseur gefällt dein Vorschlag, und er engagiert diesen Schauspieler. Dann legt er dir einige Fragen vor, damit er dem Schauspieler vor Drehbeginn entsprechende Informationen liefern kann.

a) Wie sollte die Stimme des Schauspielers wirken (ruhig, eher aufgedreht ...)?

____

b) Wie sollte er sich bewegen (elegant, lässig ...)?

____

c) Auf welche deiner Eigenheiten und Gewohnheiten sollte er beim Drehen achten?

____

d) Wie zeigst du

Wut?	Angst?
Überraschung?	Traurigkeit?

e) Worauf sollte der Schauspieler sonst noch achten, um dich treffend darzustellen?

____

____

3. Nun verlangt der Regisseur noch einige Informationen für die Maske und Requisite.

a) Beschreibe dein typisches Äußeres im Alltag.

____

____

b) Beschreibe dein typisches Äußeres bei formellen Anlässen.

____

____

c) Welche Farben bevorzugst du bei deiner Kleidung?

____

d) Welche Frisur hast du?

____

4. Zeige diese Seite jemandem aus deiner Klasse, der dich gut kennt. Ist er/sie der Meinung, dass die Person im Film dich überzeugend porträtieren wird?

©Verlag an der Ruhr ↗ Postfach 102251 ↗ 45422 Mülheim an der Ruhr ↗ www.verlagruhr.de ↗ ISBN 978-3-8346-0571-9

Dein persönliches Wappen

✔ Sich selbst kennen und einschätzen lernen

Bestimmt kennt ihr Wappen? Das sind Symbole für eine Person, Familie oder eine bestimmte Gruppe. Wappen haben die Form eines ritterlichen Schutzschildes und können in vier Bereiche unterteilt sein, in denen jeweils bildliche Darstellungen oder Sinnsprüche stehen. Damit soll symbolisiert werden, was den Wappenbesitzern besonders wichtig ist.

1. Entwirf dein persönliches Wappen. Lies die Hinweise für jeden der vier Bereiche durch, bevor du loslegst. Zeichne für jeden Bereich ein Symbol. Schreibe dazu ein paar Worte oder einen Spruch, um dieses Symbol genauer zu erklären.

2. Übertrage das fertige Wappen auf ein DIN-A4-Blatt. Schneide es aus, und klebe es auf einen Karton. Schneide auch den Karton zu, lasse aber zum Wappen ungefähr zwei Zentimeter Abstand. Nun könnt ihr euch gegenseitig eure Wappen präsentieren und sie in der Klasse aufhängen.

Bereich 1 – Deine Familie

Stelle durch ein Symbol etwas dar, das deine Familie von anderen unterscheidet – z.B. woher ihr kommt, was alle Familienmitglieder gerne machen oder eine gemeinsame körperliche Eigenschaft, wie etwa rotes Haar. Füge in diesen Bereich auch deinen Familiennamen ein.

Bereich 2 – Deine schulischen Interessen

Stelle symbolisch dar, was du in der Schule am liebsten machst – z.B. Deutsch, Naturwissenschaften, Mathe, Kunst, Werken oder Sport. Zeichne einen oder mehrere Gegenstände, die zu deinem Lieblingsfach gehören (Bücher, ein Mikroskop, ein Trampolin ...).

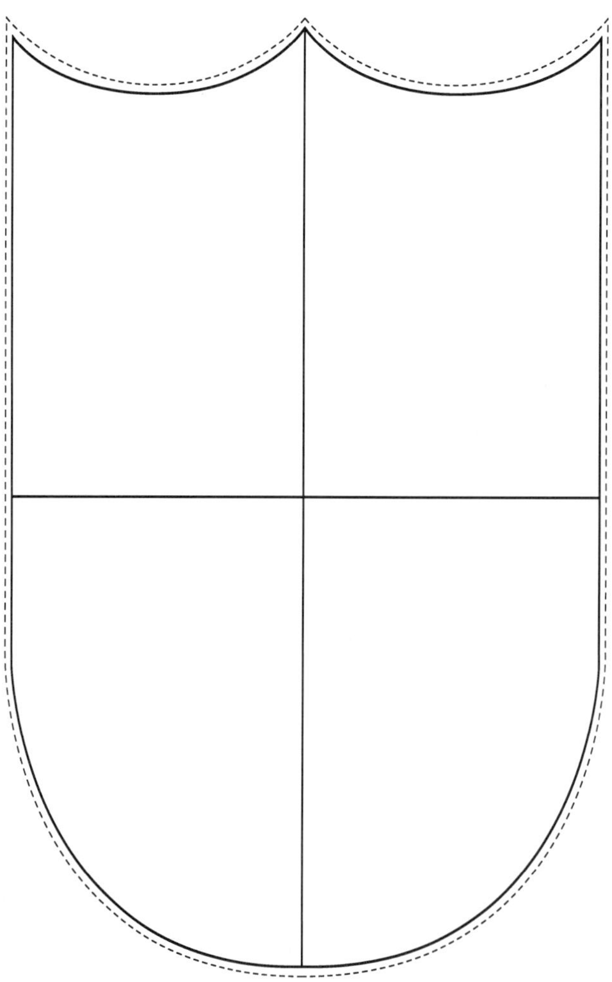

Bereich 3 – Deine Freizeit

Wähle etwas aus, das du gerne nach der Schule machst – z.B. Sport treiben, die Zeit mit Freunden verbringen oder Musik hören. Zeichne einen oder mehrere Gegenstände, die zu deiner Freizeitbeschäftigung gehören.

Bereich 4 – Deine Werte

Worauf legst du besonderen Wert? Das kann Freundschaft, Ehrlichkeit, sportliche Fairness, Mut etc. sein. Stelle diesen Wert symbolisch dar (dazu kannst du z.B. ein Tier zeichnen, etwa einen Löwen, der symbolisch für Mut steht).

©Verlag an der Ruhr ↗ Postfach 102251 ↗ 45422 Mülheim an der Ruhr ↗ www.verlagruhr.de ↗ ISBN 978-3-8346-0571-9

Stärken und Schwächen

✔ Sich selbst kennen und einschätzen lernen

Jeder Mensch kennt das: In manchen Dingen sind wir gut, in anderen nicht. Wer seine Stärken kennt, entwickelt in diesen Bereichen automatisch Selbstbewusstsein. Er übt die entsprechenden Tätigkeiten gerne aus und kann anderen dabei helfen. Bei den Schwächen ist es natürlich genau umgekehrt: Oft versucht man, sich darum zu drücken, und steht entsprechenden Tätigkeiten negativ gegenüber, noch bevor man damit begonnen hat („Wenn ich mitspiele, dann verlieren wir garantiert!"). Es ist gut, sich über beides bewusst zu sein – aber das Bewusstsein über Schwächen sollte niemanden entmutigen. Daran kann man arbeiten.

1. Welches sind deine Stärken? Wenn du dir darüber nicht bewusst bist, frage deine Freunde oder deinen Lehrer.

____

____

____

2. Nenne nun zwei deiner Schwächen.

a) ______________________________

b) ______________________________

3. Tausche dein Arbeitsblatt mit deinem Banknachbarn. Füllt jeweils für den anderen die folgenden Zeilen aus: Was könnte er unternehmen, um in diesen Bereichen besser zu werden (z.B. nach der Schule auf dem Sportplatz Korbwürfe trainieren, auf der Busfahrt nach Hause Grammatik wiederholen …)? Gibt es jemanden in der Klasse, der dabei helfen kann, weil er in diesen Bereichen stark ist? Dann tauscht ihr die Arbeitsblätter wieder und diskutiert über die Vorschläge.

a) ______________________________

____

____

b) ______________________________

____

____

4. Wähle nun eine der Schwächen aus, die du genannt hast. Setze dir einige kurz- und langfristige Ziele, um daran zu arbeiten. Vielleicht hilft dir wirklich ein „starker" Klassenkamerad? Vielleicht kannst du auch jemand anderem in einem Bereich helfen, in dem du stark bist …

Meine Schwäche, auf die ich mich konzentrieren will:

____

____

Bis zum Ende der Woche will ich Folgendes schaffen:

____

____

Bis zum Ende nächsten Monats möchte ich erreichen:

____

____

Am Ende des Halbjahres will ich auf diesem Stand sein:

____

____

5. Dein Banknachbar ist nun dein „Pate" – und du bist seiner. Prüft nach Ablauf der Fristen gegenseitig, inwiefern das Ziel erreicht wurde. Euer Lehrer kann euch daran erinnern.

Talentshow

✔ Sich selbst kennen und einschätzen lernen

In der Klasse könnt ihr eine Talentshow veranstalten, bei der jeder zeigt, was er zu bieten hat. Und so geht's:

- Fertigt so viele Kärtchen an, wie Schüler in eurer Klasse sind. Auf jedes Kärtchen schreibt ihr nun den Namen eines Schülers.
- Die Karten kommen in einen Beutel oder etwas Ähnliches. Anschließend zieht jeder eine. Wenn er seinen eigenen Namen gezogen hat, legt er das Kärtchen zurück und zieht noch einmal.
- Nun schreibt jeder auf die Rückseite des Kärtchens, das er gezogen hat, was er glaubt, worin die Person besonders gut ist. Kann sie besonders gut malen, singen, schreiben ...? Oder kann sie vielleicht etwas ganz Ausgefallenes, z.B. ein seltenes Instrument spielen, rappen ...?
- Dann erhält jeder das Kärtchen mit seinem Namen. Mit dem Talent, das der Mitschüler auf die Rückseite geschrieben hat, nimmt er an der Talentshow teil. Er kann natürlich auch Einspruch erheben und selber ein anderes Talent vorschlagen.
- Besprecht nun, wie viel Zeit die einzelnen Teilnehmer zur Vorbereitung brauchen, und legt einen Tag fest, an dem jeder etwas vorführen darf. Überlegt auch, wie viele Teilnehmer ihr seid und wie viel Zeit ihr an dem entsprechenden Tag zur Verfügung habt; am besten nutzt ihr eine Doppelstunde.
- Anschließend sollte jeder für sich klären, welches Material er benötigt. Dann kann es an die Vorbereitung gehen.
- Zum festgelegten Zeitpunkt darf jeder etwas zeigen, vortragen, vorsingen ... Die Klasse wählt dann durch eine anonyme Abstimmung die drei „Supertalente" aus. Vielleicht fallen euch auch tolle Preise ein? Ihr könnt auch Sonderpreise vergeben, beispielsweise für das ausgefallenste Talent, die am besten vorbereitete Vorführung etc.

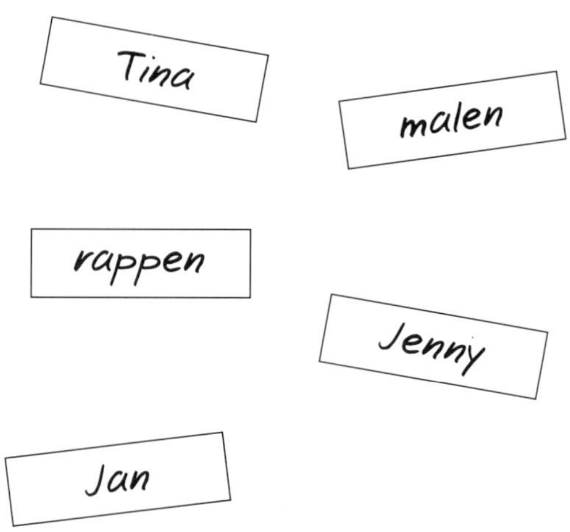

Was würdest du tun?

✔ Sich selbst kennen und einschätzen lernen

1. Lies die nachstehenden Szenarien durch. Schreibe jeweils in Spalte A, wie du wohl reagieren würdest. Versuche dabei, möglichst ehrlich mit dir selbst zu sein, und begründe deine Antwort.

	A	B
Diebe Du bist mit ein paar Freunden beim Einkaufen. Zwei aus deiner Gruppe lassen in der Zeitschriftenabteilung etwas mitgehen. Als du ihnen sagst, dass du sie beobachtet hast, lachen sie und sagen, dass du dich das selbst wohl nicht trauen würdest.		
Neue Freunde Du fühlst dich an deiner neuen Schule noch ziemlich alleine. Du bist sehr erleichtert, als zwei Mitschüler aus deiner Klasse in der Pause zu dir kommen. Aber schnell hast du das Gefühl, dass sie dich nur ausfragen möchten. Sie sind zwar nicht unfreundlich, aber anscheinend machen sie sich über dich lustig.		
In der Straßenbahn Als du alleine mit der Straßenbahn nach Hause fährst, sitzt vor dir ein alter Mann. Plötzlich kommen zwei ziemlich breit gebaute junge Männer herein und fangen an, ihn anzupöbeln und ihn aufzufordern, aufzustehen, damit sie sich setzen können.		

2. Schreibe nun in Spalte B, was wohl die beste Reaktion auf die Situation wäre. Stimmt sie mit deiner Antwort in Spalte A überein? Wenn nicht – warum hast du dich in der linken Spalte anders entschieden?

3. Diskutiert in der Klasse über eure Antworten, und wählt die vernünftigste Reaktion aus. Überlegt dann, welche positiven und welche negativen Folgen diese Reaktion wohl hätte und wie man die schlimmsten Folgen verhindern könnte.

Ein Auftritt im Zirkus

✔ Sich selbst kennen und einschätzen lernen

Eure Klasse soll sich ein Zirkusprogramm ausdenken, das nach einigem Training vorgeführt werden kann. Jeder bereitet einen Auftritt für dieses Programm vor. Dazu arbeitet er mit einem Partner oder mit einer kleinen Gruppe zusammen. Eure Hauptaufgabe ist es, bei eurem Auftritt etwas auszuprobieren, was ihr noch nie zuvor gemacht habt! Es geht nicht darum, dass ihr eure Sache besonders gut macht – sondern einfach darum, dass ihr sie macht und einmal etwas ganz Neues ausprobiert.

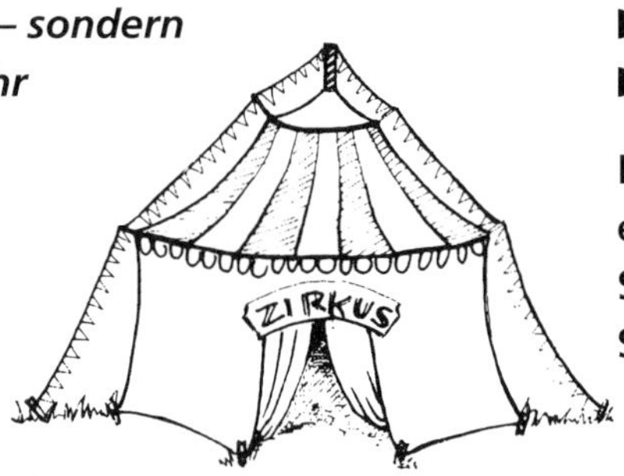

Einige Vorschläge für die Auftritte:

- **ein Zaubertrick**
- **eine Stegreifkomödie**
- **eine musikalische Darbietung**
- **ein Teil aus einem Theaterstück**
- **eine artistische Darbietung (z.B. Jonglieren)**
- **ein Auftritt als Clown**
- **ein Tanz**
- **eine Pantomime**
- **ein Experiment**

Hinweis: Egal, für welchen Auftritt ihr euch entscheidet, achtet immer auf Sicherheit! Sprecht mit eurem Lehrer darüber, welche Sicherheitsvorkehrungen zu treffen sind.

1. Diskutiert eure Einfälle mit dem Partner oder in eurer Gruppe. Wenn ihr euch auf einen Vorschlag geeinigt habt, dann beschreibt den Auftritt kurz:

2. Listet die Kostüme, Requisiten oder anderen Materialien auf, die ihr für euren Auftritt braucht.

3. Studiert euren Auftritt einige Wochen ein. Notiert die Probleme, auf die ihr bei den Proben gestoßen seid. Wie habt ihr sie bewältigt?

4. Beantwortet nach dem Auftritt vor eurem Publikum diese Fragen:

- *Was hast du während der Proben und aus deinem Auftritt gelernt?*

- *Wenn du einen weiteren Auftritt vorbereiten könntest, was würdest du dann gerne ausprobieren? Warum?*

5. Lasst euch dann vom Publikum ein Feedback geben.

Entscheidungen treffen (1/2)

✔ Sich selbst kennen und einschätzen lernen

Bestimmt kennt ihr Mitmachromane, bei denen ihr Entscheidungen treffen könnt und damit selber festlegt, an welcher Stelle ihr weiter lest? Was die Entscheidung für Konsequenzen hat, das stellt ihr dann leider später erst fest … Einen solchen Mitmachroman sollt ihr nun selber entwerfen (nur einen ganz kleinen!). Das ist natürlich nur ein spielerisches Experiment. Aber vielleicht werdet ihr euch dabei sogar etwas klarer darüber, was ihr mit eurer Zukunft anfangen möchtet, falls ihr da noch nicht so schlüssig seid. Dafür benötigt ihr ein DIN-A3-Blatt sowie ein DIN-A4-Heft.

1. Nimm dir dein DIN-A3-Blatt vor. Darauf sollst du nun eine erste Skizze für deinen „Roman" entwerfen.

Beruflich wie privat wirst du in den nächsten Jahren einige Entscheidungen treffen müssen. Hier sind ein paar Fragen, die sich dir stellen werden:

- Welchen Schulabschluss möchte ich machen?
- Welchen Beruf möchte ich ergreifen? Möchte ich mich selbstständig machen? Oder möchte ich lieber als Angestellter arbeiten?
- Möchte ich heiraten? Möchte ich Kinder bekommen? …

Überlege, welche Möglichkeiten du für dich siehst, und liste sie auf. Versieh sie gleich mit einer Nummerierung für deinen „Roman". Zeichne in deine Skizze jeweils ein, was weiter passieren könnte, wenn du dich für eine der Möglichkeiten entscheidest, und welche weiteren Entscheidungen du treffen müsstest. Links findest du ein Beispiel.

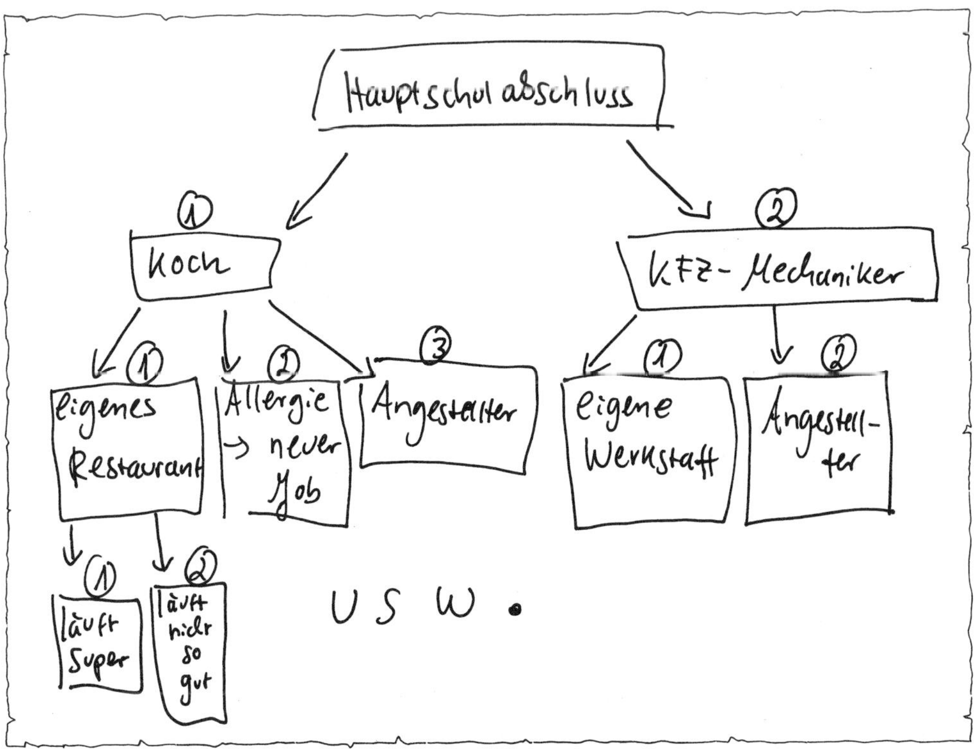

Überlege dir dann, wie du dich wohl mit der jeweiligen Entscheidung fühlen würdest, wie dein Alltag aussehen würde, wie es weitergehen könnte …

Entscheidungen treffen (2/2)

✔ Sich selbst kennen und einschätzen lernen

2. Wenn du dir über die Struktur klar bist, kannst du deinen Text in deinem Heft verfassen. Sprich in deinem „Roman" den Leser persönlich an. So wird es noch spannender für ihn … Hier wiederum ein Beispiel für einen Anfang:

1. Du machst den Hauptschulabschluss.
   - Du entscheidest dich dafür, Koch zu werden. Weiter geht es bei 2.
   - Du entscheidest dich dafür, KFZ-Mechaniker zu werden. Weiter geht es bei 3.

2. Du machst eine Ausbildung zum Koch. Dabei stellst du fest,
   - dass dir die Arbeit großen Spaß macht und du am liebsten ein eigenes Restaurant eröffnen möchtest. Weiter geht es bei 2.1.
   - dass du eine Lebensmittelallergie hast und dir einen neuen Job suchen musst. Weiter geht es bei 3.
   - dass du als Angestellter ohne allzu große Verantwortung arbeiten möchtest und eigentlich schon ganz zufrieden bist. Weiter geht es bei 2.2.

   2.1. …

   2.2. …

3. Du machst eine Ausbildung zum KFZ-Mechaniker.
   …

3. Welcher Weg und welches Ende gefallen euch am besten?

4. Gebt euren „Roman" eurem Banknachbarn. Wo landet er?

5. Was haben solche Mitmachromane mit dem realen Leben gemeinsam? Worin unterscheiden sie sich?

Mit Fehlern umgehen

✔ Sich selbst kennen und einschätzen lernen

Jeder macht mal Fehler. Eigentlich wissen wir das auch. Aber besonders, wenn wir anderen damit Schaden zufügen, fällt es uns manchmal schwer, uns selbst zu vergeben – weil wir uns schuldig fühlen. Doch sich selbst zu vergeben, bedeutet nicht, dass man sich nicht verantwortlich fühlen sollte für das, was man angerichtet hat. Vielmehr sollten wir realisieren, dass wir anders hätten handeln müssen – und wie wir anders hätten handeln können. Wir sollten aus dem Geschehenen für die Zukunft lernen, das ist die Hauptsache.

1. Rufe dir einen Fehler in Erinnerung, den du gemacht hast und von dem andere Menschen auf negative Weise betroffen waren. *Hinweis:* Du wirst das Arbeitsblatt danach an deinen Banknachbarn weitergeben, also sollte es kein Fehler sein, über den du nicht sprechen möchtest.
Mache dir zu folgenden Punkten Notizen.

a) Was hast du gesagt oder getan, was du heute bereust?

____

____

____

____

b) Warum hast du damals auf diese Weise gehandelt?

____

____

____

____

c) Was empfindest du heute?

____

____

____

____

d) Aus heutiger Sicht: Was konntest du aus diesem Fehler lernen?

____

____

____

____

____

e) Hast du deinen Fehler wieder gutgemacht? Wenn ja, wie?

____

____

____

____

____

2. Gib nun das Arbeitsblatt an deinen Banknachbarn weiter. Lest euch jeweils den Fehler eures Banknachbarn durch. Überlegt, ob euch (weitere) Dinge einfallen, die man daraus lernen kann, und notiert sie unter Punkt d). Notiert auch (weitere) Vorschläge zur Wiedergutmachung unter e).

3. Tauscht nun eure Arbeitsblätter wieder aus, und sprecht über eure Vorschläge. Vielleicht lässt sich einer der Punkte unter e) noch in die Tat umsetzen?

Der perfekte Sportplatz

✔ Fit, gesund und entspannt sein

Wer fit ist, ist nicht nur gesünder, sondern weiß auch, seine Möglichkeiten und Grenzen besser einzuschätzen. Wer Sport treibt, tut also auch etwas für sein Selbstbewusstsein. Sport sorgt außerdem für mehr Ausgeglichenheit und Belastbarkeit. Stellt euch vor, eure Schule hat 10 000 Euro von einer Fitness-Stiftung erhalten. Damit sollen eure Sporteinrichtungen (Sportplatz, Turnhalle etc.) in einen perfekten Zustand gebracht werden. Die einzige Bedingung besteht darin, dass durch die Neugestaltung die Fitness aller Schüler gefördert wird.

1. Beantworte die folgenden Fragen zu deiner Schule und zum jetzigen Zustand der Sportanlagen:

- Anzahl der Schüler: ___, Alter der Schüler: von ___ bis ___
- gegenwärtige Ausstattung der Sportanlagen:

Anlage/Gerät	**verwendet von Schülern im Alter von … bis …**	**hauptsächlich von Mädchen oder Jungen?**

2. Liste die Anlagen und Geräte auf, die du für deinen perfekten Sportplatz anschaffen und/oder errichten willst. Achte auf die Größe der Schule und des Geländes. Du kannst auch alte Gegenstände ersetzen!

____

____

____

____

3. Erkläre am Beispiel von zwei Dingen aus deiner Liste, warum sie die Schüler dazu bringen werden, aktiver zu werden (besonders die weniger sportbegeisterten!).

a) ______________________________

b) ______________________________

4. Skizziere auf einem DIN-A3-Blatt den perfekten Sportplatz für deine Schule. Erkläre, was in jedem Bereich gemacht werden und wer ihn nutzen soll.

Du bist, was du isst …

✔ Fit, gesund und entspannt sein

Wer gesund sein will, sollte auf eine nahrhafte und ausgewogene Ernährung achten, bei der Süßigkeiten und fetthaltige Speisen eine Ausnahme bilden. Wer sich gesund ernährt, besitzt auch viel mehr Energie.

1. Warum ist man eigentlich aktiver, wenn man sich gesund ernährt? Und was heißt das eigentlich, „nahrhaft und ausgewogen"? Bildet Kleingruppen. Recherchiert im Internet, und stellt einen Vortrag zum Thema „Gesunde Ernährung" zusammen. Informationen findet ihr z.B. hier: www.talkingfood.de/ernaehrungswissen/
Das Stichwort „Ernährungspyramide" wird euch helfen. Haltet die wichtigsten Stichpunkte auf einem Plakat fest.

2. Halte in der folgenden Tabelle fest, was du in den letzten beiden Tagen gegessen hast. Was glaubst du – war das gesund? Kreuze jeweils an, ob du die Mahlzeit für gesund ☺, gemischt 😐 oder ungesund ☹ hältst.

3. Schreibe dann unter die Mahlzeiten, die du für ungesund hältst, eine gesunde Alternative, die dir schmecken würde.

Gestern		**Vorgestern**	
Frühstück	☺😐☹	Frühstück	☺😐☹
Mittagessen	☺😐☹	Mittagessen	☺😐☹
Abendessen	☺😐☹	Abendessen	☺😐☹
Snacks	☺😐☹	Snacks	☺😐☹

©Verlag an der Ruhr ↗ Postfach 102251 ↗ 45422 Mülheim an der Ruhr ↗ www.verlagruhr.de ↗ ISBN 978-3-8346-0571-9

Ein total entspanntes Wochenende

✔ Fit, gesund und entspannt sein

Stelle dir vor, du hättest ein ganzes Wochenende lang Zeit, nur Dinge zu tun, die dir Spaß machen … Danach startet man mit ganz neuer Energie in die neue Woche.

1. Liste auf einem Blatt Papier Dinge auf, die du gerne machst – alleine, mit deiner Familie oder mit deinen Freunden.

2. Erstelle nun einen Zeitplan für ein total entspanntes Wochenende, das du mit Familie und Freunden verbringen möchtest. Achte darauf, dass alles realistisch und durchführbar ist.

Freitagabend	
Samstagvormittag	
Samstagnachmittag	
Samstagabend	
Sonntagvormittag	
Sonntagnachmittag	
Sonntagabend	

3. Deinen Plan kannst du gut aufbewahren, und wenn du Zeit hast, suchst du dir einfach etwas davon aus.

Liebe ist ...

✔ Gefühle zeigen und verstehen

Beispiel:

Name: *Lena, meine Schwester*
Diese Person liebe ich, weil ... - *wir zusammen aufgewachsen sind.* - *sie immer für mich da ist.* - *sie alles über mich weiß.*
Ich weiß, dass ich sie liebe, weil ... - *ich sie vermisst habe, als sie so lange in Urlaub war.* - *wir uns nach Streitereien am Ende immer versöhnen.*

Nicht immer macht man sich die eigenen Gefühle und ihre Gründe klar. Noch schwieriger ist es, darüber zu sprechen. Dieses Arbeitsblatt soll ein bisschen dabei helfen. Du kannst es ganz für dich selbst ausfüllen, du musst es niemandem zeigen, wenn du nicht willst.

1. Nenne drei Menschen, die du liebst. Versuche gleichzeitig, zu beschreiben, warum du sie liebst und woher du weißt, dass es so ist.

Name:	**Name:**	**Name:**
Diese Person liebe ich, weil ...	***Diese Person liebe ich, weil ...***	***Diese Person liebe ich, weil ...***
Ich weiß, dass ich sie liebe, weil ...	***Ich weiß, dass ich sie liebe, weil ...***	***Ich weiß, dass ich sie liebe, weil ...***

2. Versuche nun, das Wort „Liebe" zu definieren. Jeder würde dafür andere Worte finden, du kannst also nichts „falsch" machen ...

____

____

____

3. Wer will, kann nun seine Definition der Klasse vortragen. Diskutiert über die einzelnen Vorschläge.

4. Vielleicht hast du Lust, einem der Menschen, die du liebst, einen Brief zu schreiben und ihm zu erzählen, was du in deine Tabelle zu Aufgabe 1 geschrieben hast? Ganz sicher würdest du demjenigen eine große Freude bereiten ...

Glück und Unglück (1/2)

✔ Gefühle zeigen und verstehen

Das habt ihr bestimmt schon mal gehört: Für den Optimisten ist das Glas halb voll, für den Pessimisten dagegen halb leer. Es gibt immer mehrere Möglichkeiten, eine bestimmte Situation zu betrachten. Und eine positive Haltung einzunehmen, kann man üben! Vorgemacht hat es z.B. Robinson Crusoe, der auf einer einsamen Insel strandete. Er legte folgende Tabelle an, um sich über seine Situation klar zu werden:

Das Böse:	**Das Gute:**
Ich bin auf ein wüstes, trostloses Eiland *(= Insel)* ohne alle Hoffnung auf Befreiung verschlagen.	Aber ich lebe und bin nicht, wie alle meine Gefährten, ertrunken.
Ich bin vereinsamt und von aller Welt geschieden, dazu verurteilt, ein elendes Dasein zu führen.	Jedoch bin ich auch erlesen *(= auserwählt)* aus der ganzen Schiffsmannschaft, vom Tode verschont zu bleiben (…).
Ich bin von der Menschheit getrennt (…).	Trotzdem bin ich auf diesem öden Orte nicht Hungers gestorben.
Ich habe keine Kleider, um meine Blöße zu bedecken.	Aber ich befinde mich in einem heißen Klima, wo ich Kleider, hätte ich sie, schwerlich tragen könnte.
Ich bin ohne Verteidigungsmittel gegen irgendeinen gewaltsamen Angriff von Menschen oder Tieren.	Allein ich bin an eine Insel verschlagen, wo ich keine wilden Tiere zu sehen bekomme, wie ich sie an der afrikanischen Küste sah. Was wäre aus mir geworden, hätte ich dort Schiffbruch gelitten?
Ich habe keine Seele, um mit ihr zu reden oder mich von ihr trösten zu lassen.	Aber Gott schickte durch wunderbare Fügung das Schiff so nahe ans Land, dass ich so viele Dinge daraus holen konnte, die zur Befriedigung meiner Notdurft *(= Grundbedürfnisse)* selbst dienen oder mir die Mittel zur Befriedigung derselben an die Hand geben werden, solange ich lebe.

Anschließend kommt er zu folgendem Schluss:
„Alles in Allem ergab diese Übersicht, dass es zwar kaum eine unglücklichere Lage als die meinige in der Welt gab, dass aber doch negative und positive Umstände darin vorhanden waren, um derentwillen ich dankbar sein musste. Daraus mag man lernen, dass kein Zustand existiert, der nicht etwas Tröstliches darbietet und bei dem wir nicht bei der Verzeichnung des Guten und Schlimmen immer dem Debet *(= hier: Minus)* gegenüber auch etwas auf die Seite des Credit *(= hier: Plus)* zu setzen haben."

(Quelle: http://gutenberg.spiegel.de/?id=5&xid=404&kapitel=2&cHash=6e2a6b888c2#gb_found)

Glück und Unglück (2/2)

✔ Gefühle zeigen und verstehen

1. Das sollst du nun selber ausprobieren. Lege eine Tabelle nach Robinsons Vorbild an. Du musst sie keinem zeigen – diese Übung ist nur für dich! Überlege dir etwas, das dich im Moment belastet oder dich in der Vergangenheit belastet hat, und überlege, ob du neben den Nachteilen nicht vielleicht auch ein paar Vorteile entdeckst. Beispiel:

Situation: *Marc hat mit mir Schluss gemacht*

Nachteile	**Vorteile**
Ich habe Marc wirklich gern.	*Stefan ist auch ganz schön süß … Für den wäre ich jetzt frei …*
Ich konnte mich super mit ihm über Filme unterhalten.	*Dafür wird er nie wieder über meine Musik meckern.*
…	…

2. Im südasiatischen Königreich Bhutan wurde 2008 die „Messung des Bruttonationalglücks" eingeführt. Eine Umfrage ergab, dass 68 % der Befragten glücklich sind.
Eine solche Messung könnt ihr auch in eurer Klasse oder an eurer Schule durchführen. Entwerft einen Fragebogen, anhand dessen ihr möglichst genau ermitteln könnt, wie glücklich eure Mitschüler sich einschätzen (z.B., indem sie Werte auf einer Skala ankreuzen) – und welche Faktoren es sind, die sie glücklich oder unglücklich machen. Wertet die Ergebnisse dann statistisch aus, und stellt sie vor – der Klasse oder auch der ganzen Schule, z.B. auf einem Plakat.

3. Setzt euch nun in Kleingruppen zusammen. Überlegt euch einige ganz allgemeine „Glücksrezepte" für traurige Menschen. Was tut euch gut, wenn ihr unglücklich seid? Was könnt ihr anderen empfehlen? Gestaltet mit euren Rezepten ein kleines Buch.

Glücksrezept für den Winter

Koche dir einen heißen Kakao. Nimm dir viel Zeit und deine Lieblingszeitung, setze dich in einen möglichst großen, gemütlichen Sessel …

Weitere Aktivitäten für Schüler

Ziel: Sich selbst kennen und einschätzen lernen

Identität

- Jüngere Schüler können einen Würfel zum Thema „Alles über mich" gestalten. Dieser kann aus farbigem Karton bestehen und mit Bildern aus Zeitschriften beklebt werden, auf denen Dinge zu sehen sind, die die Schüler mit sich assoziieren bzw. die sie gerne machen. Die fertigen Würfel können an der Decke des Klassenraums befestigt werden. Entweder kennzeichnen die Schüler sie mit ihrem Namen, oder im Anschluss kann geraten werden, wer welchen Würfel angefertigt hat.
- Mit Hilfe einer musikalischen Collage können die Schüler ihre Persönlichkeit zum Ausdruck bringen: Sie erstellen den „Soundtrack ihres Lebens" mit ihren absoluten Lieblingsliedern bzw. Liedern, die in einer bestimmten Zeit in ihrem Leben eine besondere Rolle gespielt haben. Dazu können sie eine Art „Booklet" anfertigen, in dem sie erklären, warum diese Lieder ihnen wichtig sind.

Stärken und Schwächen

- Lassen Sie die Schüler über einen bestimmten Zeitraum eine Art Tagebuch über Schwächen und Stärken führen, auf die sie im Alltag stoßen. Sie können auch Familie und Freunde dazu befragen. Für die so diagnostizierten Schwächen können sie wiederum ein Trainingsprogramm entwerfen.

Fehler

- Jeder Schüler überlegt sich einige Situationen, in denen er aus einem Fehler gelernt und es beim nächsten Mal besser gemacht hat. Die Klasse tauscht sich über die Situationen aus. Es kann auch ein Poster mit den aus den Fehlern gelernten „Lektionen" angefertigt werden. Die einzelnen Schüler können das fortsetzen: Sie können künftig Fehler, die sie machen, auf einem Blatt Papier notieren. In einem Notizbuch können sie dann festhalten, was sie aus diesen Fehlern gelernt haben. Sobald das geschehen ist, zerreißen sie das Blatt Papier mit dem Fehler. Ein regelmäßiger Blick in ihr Notizbuch wird ihnen helfen, das Gelernte zu bewahren.

Ziel: Fit, gesund und entspannt sein

Fitness

- Die Schüler können recherchieren, wie viel Sport/Bewegung in ihrem Alter empfohlen wird, und anhand dessen einen persönlichen Wochen-Fitness-Plan erstellen, der ihnen Spaß machen würde. Wer ohnehin regelmäßig Sport treibt, kann der Klasse seine Aktivitäten vorstellen.
- Unterhaltsam ist es sicherlich, gemeinsam mit dem Sportlehrer ein Zirkeltraining zu entwickeln, das auch Mitschülern Spaß machen würde, die sonst nicht so viel von sportlicher Betätigung halten. Dabei können die Schüler ruhig kreativ sein!
- Legen Sie die Organisation eines Schulturniers in verschiedenen Disziplinen in die Hände der Schüler. Die einzelnen Klassen können Mannschaften aufstellen, die dann in altersspezifischen Gruppen gegeneinander antreten.

Gesunde Ernährung

- Anhand der Nahrungspyramide können die Schüler einen Wochen-Ernährungs-Plan erstellen, der ihnen zusagen würde. Diesen Plan können sie anschließend ihren Eltern vorstellen.
- Aus dem Plan wählen sie danach eine Mahlzeit aus und finden heraus, wie sie zubereitet und serviert wird. Die Rezepte werden der Klasse vorgestellt, und gemeinsam werden die Favoriten gewählt. In Verbindung mit Hauswirtschaft lässt sich vielleicht ein „Koch- und Backtag" organisieren, an dem diese in Kleingruppen zubereitet werden.
- Nach einer Reflexion über gesundes und ungesundes Essen können die Schüler anhand von Abbildungen aus der Lebensmittelwerbung auf Postern zwei Collagen erstellen und diese im Klassenzimmer aufhängen.

Schlaf und Entspannung

- Die Schüler machen eine Umfrage in der Klasse: Wer schläft wie viel? Die Ergebnisse stellen sie, z.B. auf einem Poster, grafisch dar. Anschließend können sie recherchieren, wie viel Schlaf sie in ihrem Alter durchschnittlich benötigen.
- Auch das Thema „Was passiert eigentlich, wenn wir schlafen?“ eignet sich für eine Recherche.
- Lassen Sie die Schüler über Ruhe- und Entspannungsrituale reflektieren, die sie im Alltag haben (das kann genauso gut das Kollabieren auf der Couch nach der Schule wie das Teetrinken und Lesen sein). Sie können allerlei Rituale sammeln und darüber nachdenken, warum sie so wichtig sind.
- Bei entspannter Musik können die Schüler ein Bild zum Thema „Mein Rückzugsplatz“ zeichnen oder einen kurzen Text, z.B. ein Gedicht, darüber schreiben. Das kann ebenso ein fiktiver (eine Insel, ein Schloss, ein See …) wie ein realer Ort (ein Zimmer, ein Park, ein Stück Natur …) sein.

Ziel: Gefühle zeigen und verstehen

Liebe und Freundschaft

- Die Schüler können eine Sammlung von Zitaten oder Gedichten zusammenstellen, die von Zuneigung, Freundschaft und Liebe handeln. Anschließend können sie im Plenum darüber sprechen. Welche Aussagen lassen sich einander inhaltlich zuordnen, welche widersprechen sich/haben unterschiedliche Ansätze?
- Jeder Schüler bringt sein Lieblings-Liebeslied mit. In der Klasse werden die Texte besprochen, und der schönste Text wird ausgewählt.

Lebenseinstellung

- „Für positiv denkende Menschen ist das Glas halb voll, nicht halb leer.“ Die Schüler können mit einem Partner die Lebenseinstellung diskutieren, die aus dieser Aussage spricht, und versuchen, eine realistische Selbsteinschätzung vorzunehmen: Sind sie eher Optimisten oder Pessimisten? Erkennen sie Gründe für ihre Einstellung? (Diese Frage sollte jeder für sich beantworten, sie sollte nicht im Plenum diskutiert werden. Wer beispielsweise tendenziell negativ eingestellte Eltern hat, wird diese Haltung vielleicht zunächst mehr oder weniger automatisch übernehmen.)
- Im Plenum können die Schüler Beispiele sammeln: In welchen Fällen hat ihre Einstellung (oder die von jemandem, den sie kennen) Erfolg oder Misserfolg einer Sache maßgeblich beeinflusst?

Andere schätzen, andere respektieren

2

Dieses Kapitel soll die Schüler dabei unterstützen, das Wesen und die Bedeutung von Beziehungen zu begreifen und zu verstehen, wie man Beziehungen knüpft und festigt. Sie sollen sich auch darüber klar werden, wodurch Beziehungen beeinflusst werden, und über ihre eigene Rolle im Rahmen ihres Beziehungsgeflechts reflektieren. Außerdem schulen sie mit diesen Arbeitsblättern ihr Einfühlungsvermögen und die Fähigkeit, Konflikte zu lösen.

Diskussionsanregungen/Gesprächsanlässe zu den einzelnen Lernzielen

Ziel: Die Menschen um sich herum wahrnehmen und schätzen

Mein Beziehungsgeflecht (S. 29):
- Welche persönlichen Beziehungen sind in eurem Leben am wichtigsten?
- Was zeichnet eine gute Beziehung aus?
- Wie könnt ihr anderen zeigen, dass euch die Beziehung zu ihnen wichtig ist?

Die Familie (S. 30):
- Was macht eine „richtige" Familie aus?
- Welche Aufgaben hat eine Familie?
- Was gefällt dir an deiner Familie besonders?

Freundschaften (S. 31):
- Warum geht man Freundschaften ein?
- Welche Eigenschaften sollten gute und dauerhafte Freundschaften eurer Meinung nach haben?
- Welche Rolle spielen Freundschaften in deinem Leben? Wie wichtig sind dir deine bestehenden Freundschaften für die Zukunft?

Komplimente-Workshop (S. 32):
- Warum fällt es manchmal so schwer, anderen ein Kompliment zu machen? Gibt es jemanden in eurer Umgebung, der vielleicht schon lange mal ein Kompliment verdient hat?
- Wie fühlt ihr euch, wenn ihr selbst ein Kompliment bekommt?

Ziel: Andere respektieren lernen

Menschen haben Rechte (S. 33/34):
- Wozu dienen die Menschenrechte?
- Wie fühlt ihr euch, wenn eure Rechte von anderen nicht respektiert werden?

Eine Rede über Toleranz (S. 35):
- Warum ist Toleranz so wichtig?
- Wie kann man Toleranz üben und im eigenen Umfeld fördern?

Gemeinsam eine Party planen (S. 36):
- Zeigt ihr genug Respekt gegenüber der Meinung und den Vorstellungen anderer?
- Wie fühlt ihr euch, wenn andere eure Ansichten nicht respektieren?

Gemeinheiten (S. 37):
- Welche Motive gibt es für Täter in Mobbing-Fällen, andere zu schikanieren?
- Wie sieht die Situation des Opfers aus? Welche Folgen kann Mobbing haben?

Fairness-Woche in der Schule (S. 38):
- Was bedeutet „fair sein" eigentlich?
- Haltet ihr euch für faire Menschen?
- „Man kann es einigen Menschen manchmal recht machen, aber man kann es nicht allen Menschen immer recht machen." Was hat dieser Ausspruch mit Fairness zu tun?

Eine Preisverleihung (S. 39):

- Wie wichtig ist es, die Leistungen anderer anzuerkennen?
- Wie fühlt ihr euch, wenn ihr gelobt werdet (besonders dann, wenn ihr hart gearbeitet habt, um etwas gut zu machen)? Was hat es zur Folge, wenn erwartetes Lob ausbleibt?

Ziel: Umgangsformen reflektieren

Eine Unhöflichkeits-Skala (S. 40):

- Für wie wichtig haltet ihr gutes Benehmen? Warum?
- Warum gibt es eigentlich Höflichkeit? Ist die vielleicht antiquiert und überflüssig?
- Manchmal beschweren sich Ältere darüber, dass die jungen Leute heutzutage kein Benehmen mehr hätten. Antwortet (höflich) auf diese Meinung.
- Welches unhöfliche Verhalten ärgert euch am meisten? Warum?

Ziel: Mit Menschen umgehen lernen

Konflikte lösen (S. 41):

- Welche persönlichen Eigenschaften sind nötig, um Konflikte erfolgreich lösen zu können?
- Inwieweit kann man es trainieren, Konflikte zu lösen?
- Wie fühlt man sich, nachdem man einen Konflikt aus der Welt geschafft hat?

Einfühlungsvermögen zeigen (S. 42):

- „Wenn wir andere Menschen einfühlsam behandeln, dann entwickeln wir uns persönlich weiter.“ Diskutiert über diese Behauptung.
- Warum ist es so wichtig, sich in andere hineinversetzen zu können?

Ziel: Ein guter Teamspieler werden

Zusammen sind wir stark (S. 43):

- Welche Eigenschaften hat ein guter Teamspieler?
- Haltet ihr euch für gute Teamspieler? An welchen Punkten könnt ihr noch arbeiten?
- Wie wichtig ist es, ein guter Teamspieler zu sein?
- Wie gut haben die anderen im Team mitgearbeitet? Wie gut ihr selbst?

Ziel: Hilfsbereitschaft entwickeln

Ein Fragebogen (S. 44/45)/Redeweisen (S. 46):

- Haltet ihr euch für hilfsbereit? Warum bzw. warum nicht?
- Wie wichtig findet ihr Hilfsbereitschaft? Seid ihr der Meinung, dass „jeder sich selbst der Nächste“ ist?

Mein Beziehungsgeflecht

✔ Die Menschen um uns herum

1. Was ist das eigentlich – eine Beziehung? Suche dir einen Partner. Versucht gemeinsam, eine Definition zu finden.

2. Überlege, welches deine wichtigsten Beziehungen sind, und versuche, sie nach Kategorien einzuteilen. Stelle dann dein „Beziehungsgeflecht" grafisch dar.

Beispiel:

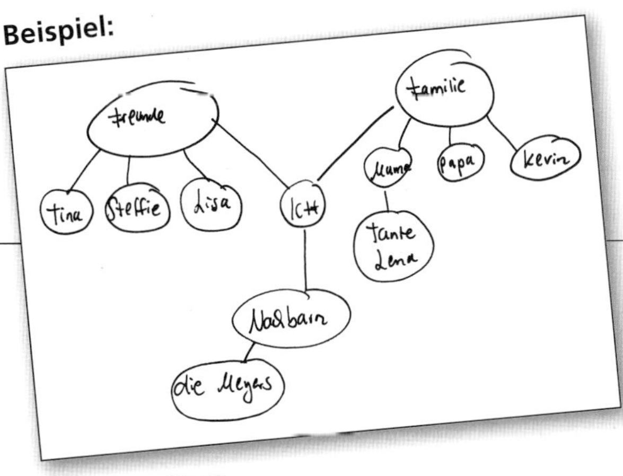

3. Stelle dir vor, du wärst Robinson Crusoe, und es hätte dich auf eine einsame Insel verschlagen. Welche Menschen würden dir am meisten fehlen, und warum? Verfasse in deinem Heft einen Tagebucheintrag.

Liebes Tagebuch,
jetzt bin ich schon seit zehn Tagen auf dieser Insel.
Zuerst war es so ein Paradies, aber jetzt fühle ich mich ohne Menschen einsam. ...

© Verlag an der Ruhr ↗ Postfach 10 22 51 ↗ 45422 Mülheim an der Ruhr ↗ www.verlagruhr.de ↗ ISBN 978-3-8346-0571-9

Die Familie

✔ Die Menschen um uns herum

1. Skizziere mit Bleistift einen Stammbaum von deiner Familie auf einem DIN-A4-Blatt. Zeichne auch deine Großeltern, ggf. auch deine Urgroßeltern mit ein. Wenn du weißt, wie groß der Stammbaum ist und wie er aussehen soll, kannst du ihn auf ein Poster übertragen. Neben die Namen deiner Familienmitglieder kannst du jeweils eine Kopie von einem Foto oder eine Zeichnung kleben.

2. Nun stellt jeder der Klasse seinen Stammbaum vor. Erzählt dazu, was ihr über eure Familie wisst, z.B.: Wo und wie haben sich eure Großeltern kennen gelernt? Wo und wie eure Eltern? Wie lebt ihr heute zusammen? …

3. Vergleicht eure Stammbäume und Erzählungen. Welche unterschiedlichen Familien-Typen gibt es innerhalb eurer Klasse (Ehepaare mit Kindern, alleinerziehende Eltern, Einzelkinder …)?

4. Was bedeutet dir deine Familie?

5. Und was denkst du? Welche Rolle spielt die Familie in der heutigen Gesellschaft in Deutschland?

Thilo: Also, ich glaub', dass die Rolle der Familie wieder wichtiger wird in der heutigen Gesellschaft, dass das so ein fester Punkt ist, zu dem man immer wieder zurückkehren kann. Es gibt so viele Unsicherheiten heute, in Sachen Job und so. Da braucht man einfach einen Halt.

Jana: Ich glaub', das Konzept „Familie" ist total veraltet. Heute sucht man sich doch selber seine Familie. Freunde halt, irgendwelche Leute, mit denen man sich versteht. So Ehen gehen doch eh irgendwann kaputt, das muss man seinen Kindern doch nicht antun, oder? So 'ne Kommune, das fänd' ich cool. Wo jeder sein Ding macht, aber man trotzdem zusammenhält.

Freundschaften

✔ Die Menschen um uns herum

1. Was macht für dich eine gute Freundschaft aus? Warum?

Freundschaft bedeutet für mich ...

2. Denke nun an deinen besten Freund. Welche Eigenschaften schätzt du besonders an ihm?

3. Was meinst du: Welche Eigenschaften schätzt er/sie besonders an dir? Du kannst ihn/sie später auch einfach fragen und schauen, ob du richtig gelegen hast.

4. Bestimmt habt ihr zusammen schon einiges erlebt. Erzähle von einer Episode, die für eure Freundschaft besonders typisch ist. Du kannst ruhig eine kleine Geschichte daraus machen! Lies sie anschließend deinen Klassenkameraden vor.

Komplimente-Workshop

✔ Die Menschen um uns herum

Den Menschen Komplimente zu machen, ist eine Kunst für sich. Wenn ihr sie überzeugend rüberbringt und sie von Herzen kommen, könnt ihr den Menschen, die euch wichtig sind, mit unerwarteten Komplimenten ein richtiges Geschenk machen.

Die Band „Die Sportfreunde Stiller" hat einen ganzen Song geschrieben, der ein einziges Kompliment ist! Hier ein Auszug:

„Wenn man so will, bist du meine Chill-out-Area, meine Feiertage in jedem Jahr, meine Süßwarenabteilung im Supermarkt, die Lösung, wenn mal was hakt, so wertvoll, dass man es sich gerne aufspart, und so schön, dass man nie darauf verzichten mag."

(Quelle: Sportfreunde Stiller, „Ein Kompliment", Album: „Die gute Seite", 2002)

Schreibe doch selber einmal einen Songtext für einen Menschen, der dir wirklich viel bedeutet. Du kannst es so wie die Sportfreunde machen: Denke dir Dinge aus, die du ganz besonders magst, und bringe sie mit diesem Menschen in Verbindung. Du kannst es aber auch ganz anders machen, z.B. aufzählen, was dir an diesem Menschen so gut gefällt ... Deiner Fantasie sind keine Grenzen gesetzt! Dein Song sollte sich allerdings reimen und einen Refrain haben.

Wenn du fertig bist, kannst du deinen Text z.B. auf eine schöne Karte schreiben und sie demjenigen überreichen, für den du ihn geschrieben hast.

Ein Kompliment

Menschen haben Rechte (1/2)

✔ Andere respektieren

„Alle Menschen sind frei und gleich an Würde und Rechten geboren", lautet Artikel 1 der „Allgemeinen Erklärung der Menschenrechte". Das Konzept der Menschenrechte geht davon aus, dass jedem Menschen auf dieser Welt bestimmte Rechte zustehen. Fast alle Staaten erkennen dieses Konzept heute an – aber es kommt dennoch immer wieder zu Verstößen. Über die Einhaltung der Menschenrechte wachen die Vereinten Nationen (United Nations, UN).

Zu den Menschenrechten gehören:

- Persönlichkeitsrechte, z.B.:
  - Recht auf Leben,
  - Recht auf Schutz vor Folter
- Freiheitsrechte, z.B.:
  - Recht auf Freiheit, Eigentum und Sicherheit der Person
  - Meinungsfreiheit,
  - Gedanken-, Gewissens- und Religionsfreiheit
- justizielle (rechtliche) Menschenrechte, z.B.:
  - gerechtes Verfahren vor einem unabhängigen und unparteiischen Gericht mit gesetzlichen Richtern,
  - Unschuldsvermutung (im Zweifel für den Angeklagten)
- soziale Menschenrechte, z.B.:
  - Recht auf Selbstbestimmung
  - Gleichberechtigung für Mann und Frau

1. Setzt euch in Kleingruppen zusammen. Recherchiert im Internet mindestens drei Verstöße gegen die Menschenrechte (die Schlagwörter „Verstoß gegen Menschenrechte" oder „Menschenrechtsverletzungen" werden euch helfen). Skizziert sie kurz. Überlegt, warum es wohl zu den Verstößen gekommen ist.

Ein Beispiel:

In Südafrika gab es über lange Jahre ein System der Rassentrennung, bei dem die Nichtweißen unterdrückt wurden. So sicherten sich die Weißen die Herrschaft.

a) ______________________________

____

____

____

b) ______________________________

____

____

____

c) ______________________________

____

____

____

2. Bleibt in euren Gruppen. Sucht euch eine der folgenden Personen aus, die für Menschenrechte gekämpft hat:

- Nelson Mandela,
- Mahatma Gandhi,
- Eleanor Roosevelt,
- Martin Luther King.

Recherchiert, z.B. in der Schulbibliothek oder in einem Lexikon, über Leben und Errungenschaften dieser Person (Wie hat sie gelebt? Wofür genau hat sie gekämpft, und warum? Was hat sie erreicht?). Fertigt auf einem Poster ein Porträt an, und stellt die Person der Klasse vor.

Menschen haben Rechte (2/2)

✔ Andere respektieren

1. Bildet Kleingruppen. Stellt euch vor, ihr sollt nun eine „Allgemeine Erklärung der Rechte von Lehrern und Schülern" herausgeben. Füllt die folgende Tabelle aus. Denkt dabei sowohl an den Umgang zwischen Lehrern und Schülern als auch an den Umgang der Schüler miteinander.

Schüler-Rechte	**Lehrer-Rechte**
- Schüler sollten jederzeit nach Meldung nachfragen dürfen, wenn sie etwas nicht verstanden haben.	*- Lehrer sollten während des Unterrichtens immer ausreden dürfen.*

2. Tragt nun eure Vorschläge der Klasse vor, und diskutiert sie jeweils im Plenum. Welche Vorteile hätten die einzelnen Rechte? Welche Nachteile hätten sie?
Sammelt Rechte an der Tafel, die alle oder zumindest die meisten von euch sinnvoll finden. Vielleicht muss im einen oder anderen Fall noch an der Formulierung gefeilt werden, damit das jeweilige Recht so stehen bleiben kann?
Wenn ihr euch einig seid, könnt ihr die Rechte auf ein Poster übertragen und es als kleine Erinnerung in eurem Klassenraum aufhängen.

Eine Rede über Toleranz

✔ Andere respektieren

Das lateinische „tolerare" bedeutet „dulden". Toleranz heißt, die Unterschiede zwischen den Menschen zu akzeptieren, zu respektieren und anzuerkennen. Dazu gehören beispielsweise Unterschiede in der Religion, im Aussehen, in der Herkunft und im Charakter.

1. Suche dir einen Partner. Gemeinsam sollt ihr nun eine kurze Rede zu folgendem Thema vorbereiten:

Warum sollte man tolerant sein?

- Überlegt euch zunächst, wie ihr mit eigenen Worten beschreiben könnt, was Toleranz für euch persönlich bedeutet.
- Überlegt euch dann, wo Toleranz wichtig ist und was sie bewirken kann. Ihr könnt auch darüber nachdenken, ob es Grenzen der Toleranz gibt.
- Sammelt Beispiele: In welchen Fällen sollten die Menschen Toleranz beweisen? Wann habt ihr selbst Toleranz ge- oder erlebt? In welchen Fällen hat sich jemand als intolerant erwiesen, und welche Folgen hatte das? Solche Beispiele helfen euch selbst beim Verständnis und machen eure Rede anschaulicher.

Notiert euch eure Antworten, und verwendet sie bei eurer Rede.

2. Eure Rede sollte sorgfältig aufgebaut sein, damit die Zuhörer euch verstehen und sich nicht etwa langweilen.

Tipps:

Anfang: Beginnt mit einer Frage oder einer starken Aussage. Ihr könnt das Publikum am Anfang auch provozieren, damit habt ihr die Aufmerksamkeit sicher!

Hauptteil: Erzählt einige der Beispiele, die ihr gefunden habt, und verdeutlicht damit eure Kernaussage.

Schluss: Am Ende könnt ihr eure Antwort auf die Frage, warum Menschen tolerant sein sollten, noch einmal kurz zusammenfassen.

3. Überlegt, wer welche Redeabschnitte übernehmen soll. Vielleicht wollt ihr auch eine Art Dialog aus eurer Rede machen?

4. Übt eure Rede gemeinsam. Achtet darauf, dass ihr laut und deutlich sprecht. Wenn ihr bereit seid, haltet eure Rede vor der Klasse. Das Publikum sammelt stichpunkartig eure Ideen und Gedanken zum Thema „Toleranz".

5. Klärt im Anschluss, ob es Diskussionsbedarf gibt. Dann kann die nächste Rede gehalten werden.

6. Wenn alle Reden gehalten wurden, könnt ihr die unterschiedlichen Ansätze und Schwerpunkte vergleichen. Welche Rede hat euch besonders überzeugt?

Gemeinsam eine Party planen

✔ Andere respektieren

Arbeite mit einem Partner zusammen, am besten mit jemandem, mit dem du befreundet bist bzw. den du schon lange kennst. Stellt euch vor, ihr habt zufällig am gleichen Tag Geburtstag. Ihr wollt zusammen eine Party feiern, bei der sich alle verkleiden sollen. Ihr dürft höchstens zehn Gäste einladen, und ihr müsst euch gemeinsam auf alle Einzelheiten einigen.

1. Zunächst arbeitet jeder für sich. Jeder schreibt nun seine Ideen zu folgenden Punkten auf:

a) Zeit und Ort der Party:

b) Gäste:

c) Essen/Trinken:

d) Wie sollen die Einladungen aussehen:

e) Musik:

f) Motto der Verkleidung:

Dabei dürft ihr euch nicht unterhalten.

2. Jeder liest nun seine Liste dem anderen vor bzw. hört dem Partner aufmerksam zu.

3. Nun gilt es, sich in den einzelnen Punkten zu einigen und zu entscheiden. Findet zu allen Punkten Lösungen, mit denen ihr beide zufrieden seid. Dabei müsst ihr bestimmt Kompromisse schließen. Notiert eure gemeinsamen Entscheidungen:

a) Zeit und Ort der Party:

b) Gäste:

c) Essen/Trinken:

d) Wie sollen die Einladungen aussehen:

e) Musik:

f) Motto der Verkleidung:

4. Jeder beantwortet für sich nun diese Fragen:

a) Glaubst du, dass deine Ansichten und Vorschläge von deinem Partner respektiert wurden?

◯ *ja* ◯ *nein*

Begründe deine Antwort:

b) Glaubst du, dass du selbst die Ansichten und Vorschläge deines Partners respektiert hast?

◯ *ja* ◯ *nein*

Begründe deine Antwort:

Gemeinheiten

✔ Andere respektieren

Wenn man einen anderen dauerhaft quält, schikaniert, verletzt oder bloßstellt, dann heißt das Mobbing. Den Gemobbten kann eine solche Behandlung auf Dauer seelisch und körperlich krank machen.

1. Bildet Dreiergruppen. Lest die folgenden Situationsbeschreibungen durch. Beschreibt mit Stichwörtern zu jeder Situation, wie sich Person A (derjenige, der „mobbt“) und Person B (derjenige, der „gemobbt“ wird) wohl fühlen.

Schüler **A** ist einer der besten in der Klasse, Schüler **B** hat relativ große Schwierigkeiten. Wann immer seine Freunde dabei sind, macht sich **A** über **B** lustig und nennt ihn einen Hohlkopf.

Gefühle

A: ______________________

B: ______________________

A und **B** spielen im selben Tennisklub. **B** gefällt es dort sehr gut, bis er eines Tages mitbekommt, dass **A** ein übles Gerücht über seine Familie verbreitet hat.

Gefühle

A: ______________________

B: ______________________

In jeder Pause verlangt Schüler **A** (der ältere) von Schüler **B**, dass er ihm sein Pausenbrot aushändigt. Wenn sich **B** weigert, wird **A** sogar handgreiflich. **A**s Freunde halten diese Auftritte für ein gelungenes Spektakel.

Gefühle

A: ______________________

B: ______________________

B ist neu an der Schule von **A**. Am ersten Tag in der Pause fragt **B** den Schüler **A**, ob er im Basketballteam von **A** mitmachen könne. **A** macht sich darüber lustig, wie **B** spricht und sich anzieht, und sagt, so jemanden bräuchte das Team nicht.

Gefühle

A: ______________________

B: ______________________

2. Wählt zwei Situationen aus. Überlegt euch, wie Schüler B am besten auf die Situationen reagieren könnte. Entwickelt ein Rollenspiel zu jeder Situation, bei der ihr die Lösung berücksichtigt, die ihr euch ausgedacht habt.

3. Führt eure Rollenspiele der Klasse vor. Diskutiert über die verschiedenen Lösungen.

Fairness-Woche in der Schule

✔ Andere respektieren

Stelle dir vor, deine Schule veranstaltet eine „Woche der Fairness". Jede Jahrgangsstufe soll dazu etwas beitragen. Ziel ist es, herauszufinden, was nach Meinung der Schüler im Schulalltag „fair" bzw. „unfair" ist. Daran soll anschließend gearbeitet werden. Auf diese Weise soll die Woche für alle Schüler etwas bringen.

1. Diskutiert in Gruppen darüber, was ihr an eurer Schule fair bzw. unfair findet. Notiert eure Ergebnisse. Ihr solltet dabei aber keine Namen nennen.

fair	**unfair**
Beispiel: Wir dürfen abstimmen, wo wir unsere Klassenfahrt verbringen wollen.	**Beispiel:** Manche Lehrer haben eindeutig „Lieblingskinder".

2. Besprecht die Dinge, die ihr für unfair haltet, und sucht nach Lösungsvorschlägen.

Das ist unfair!	**Lösungsvorschlag**

3. Zeigt eure Liste eurem Lehrer. Gemeinsam könnt ihr überlegen, wie ihr den vorgeschlagenen Lösungen ein bisschen näher kommen könntet.

Eine Preisverleihung

✔ Andere respektieren

Stellt euch vor, ein Mitschüler aus eurer Klasse soll in einer Fernsehshow für besondere Leistungen geehrt werden. Diese Show sollt ihr nun entwickeln.

1. Bildet Dreiergruppen. Die einzelnen Gruppen sollten die Vorbereitungen der anderen nicht mitbekommen, denn der Ablauf der Show und der Preisträger sollen bis zur Vorführung eine Überraschung bleiben.

2. Einigt euch auf einen Mitschüler, der etwas Bemerkenswertes getan oder geleistet hat, z.B. in einem bestimmten Fach (beim Sport, im Kunstunterricht ...). Es kann aber auch ein Schüler sein, der anderen geholfen hat.

Name: ______________________

besondere Leistung: ______________________

____

____

3. Verteilt Rollen an die Mitglieder eurer Gruppe: Wer moderiert? Wer hält eine Rede zu Ehren des Preisträgers, in der er die Entscheidung der „Jury" begründet? Wer überreicht den Preis?

4. Denkt euch einen Titel für eure Show aus:

____

____

Ablauf der Preisverleihung

5. Wie soll eure Show ablaufen? Wie könnt ihr sie möglichst unterhaltsam gestalten? (Wollt ihr musikalische oder lustige Einlagen bieten? Wollt ihr Fragen an euer Publikum richten? ...) Denkt daran, dass der Preisträger auch die Möglichkeit bekommen sollte, sich zu bedanken und von seinen Gefühlen zu berichten.

6. Nun kann jeder seine Rolle vorbereiten.

7. Wenn ihr fertig seid, könnt ihr eure Show der Klasse vorführen. Wie reagiert das Publikum, und wie reagiert euer Preisträger?

8. Warum ist es deiner Meinung nach wichtig, die Leistungen anderer Leute zu würdigen?

Eine Unhöflichkeits-Skala

✔ Umgangsformen

1. Arbeite mit drei oder vier Mitschülern zusammen. Lest euch die folgenden Situationen durch:

- ◯ **a)** Jemand bekommt ein Geschenk und bedankt sich nicht dafür.
- ◯ **b)** Jemand rülpst laut nach dem Essen.
- ◯ **c)** Jemand gibt damit an, wie reich seine Eltern sind.
- ◯ **d)** Jemand drängelt sich in den Bus, bevor die Leute aussteigen können.
- ◯ **e)** Jemand schnipst im Restaurant mit den Fingern und ruft sehr laut nach dem Kellner.
- ◯ **f)** Jemand starrt eine behinderte Person an.
- ◯ **g)** Jemand lässt immer seinen Freund bezahlen, wenn sie gemeinsam ausgehen.
- ◯ **h)** Jemand, dem etwas angeboten wird, antwortet nur mit „ja" (anstatt z.B. mit „ja, bitte" oder „ja, gern").

Besprecht diese Situationen in eurer Gruppe, und bringt sie in eine Reihenfolge – von „am unhöflichsten" (1) bis „am wenigsten unhöflich" (8). Beginnt mit dem unhöflichsten Verhalten. Tragt die Nummern in die Felder vor den Situationen ein.

2. Tragt eure Ergebnisse der Klasse vor, und diskutiert darüber. Welche Ergebnisse haben die anderen Gruppen?

3. Sucht gemeinsam nach einer Begründung: Warum war es euch (wahrscheinlich nach mehr oder weniger großen Diskussionen) möglich, euch innerhalb eurer Gruppe auf eine Reihenfolge zu einigen? Woher kommt es, dass ihr solche Umgangsformen einschätzen könnt und eine bestimmte Meinung dazu habt?

4. Wie wichtig findest du gutes Benehmen?

„Die Jugend von heute liebt den Luxus, hat schlechte Manieren und verachtet die Autorität. Sie widersprechen ihren Eltern, legen die Beine übereinander und tyrannisieren ihre Lehrer."

5. Das Zitat links ist schon etwas älter – genauso genommen über 2000 Jahre! Es stammt von dem griechischen Philosophen Sokrates (470–399 v.Chr.). Kommt dir die Aussage bekannt vor? Wie interpretierst du die Tatsache, dass sie fast 2500 Jahre alt ist?

6. Wie schätzt du selber die Umgangsformen der Jugendlichen heute ein?

Konflikte lösen

✔ Mit Menschen umgehen lernen

Es ist nicht immer einfach, Konflikte und Streitigkeiten aus der Welt zu schaffen – vor allem dann nicht, wenn man wirklich wütend ist. Das Beseitigen von Konflikten und das Wiederherstellen des Friedens ist ein Prozess, für den alle beteiligten Parteien verantwortlich sind. Aber man kann es trainieren. Folgendes Vorgehen kann dabei helfen:

a) Halte inne, und versuche, dich zu beruhigen.

b) Versuche, das Problem zu beschreiben, so wie du es siehst. Verwende dabei Ich-Botschaften („Ehrlich gesagt, finde ich …“; s. dazu auch das Arbeitsblatt „Ich-Botschaften“, S. 85). Versuche, dein Gegenüber mit deiner Aussage nicht zu verletzen, sondern ihm deine Sicht der Dinge zu verdeutlichen.

c) Dein Gegenüber sollte nun die Angelegenheit aus seiner Sicht schildern. Gehe auf seine Aussagen ein, und versuche, ihn zu verstehen.

d) Sucht gemeinsam nach Lösungen.

e) Wählt eine Lösung aus, die euch beiden fair erscheint, und entwickelt einen Plan: Wie könnt ihr beim Umsetzen der Lösung vorgehen?

1. Setze dich mit einem Partner zusammen. Erklärt, warum die einzelnen Schritte sinnvoll sind und was sie bewirken.

a) ______________________________

____

b) ______________________________

____

c) ______________________________

____

d) ______________________________

____

e) ______________________________

____

2. Bildet Kleingruppen. Seht euch den rechts geschilderten Konflikt zwischen Nina und Heike an.

- *Was können die beiden tun, um sich zu beruhigen?*
- *Was ist das Problem? Wie fühlen sich die beiden? Formuliert Ich-Botschaften aus ihrer Sicht.*
- *Überlegt, welche Lösungen es für den Konflikt geben könnte und wie Nina und Heike sie umsetzen könnten.*

Nina ist zwei Stunden mit dem Zug gefahren, um auf die Party ihrer besten Freundin Heike zu gehen. Es sind aber sehr viele Gäste da, und Heike springt die ganze Zeit von einem zum anderen, damit sich keiner vernachlässigt fühlt. Nina ist total sauer. Als Heike in die Küche kommt, wo Nina steht, sagt sie laut: „Heike, manche Leute sind zwei Stunden Zug gefahren, nur um dich zu sehen. Wäre ganz nett, wenn du dich um die auch mal kümmern könntest.“ Das haben alle gehört. Heike fühlt sich vor den Leuten bloßgestellt, sie will so nicht mit sich reden lassen. Ninas bestimmende Art geht ihr ohnehin manchmal auf die Nerven. Am liebsten würde sie Nina rausschmeißen.
„Hat ja keiner gesagt, dass du kommen musst“, faucht sie. Jetzt ist Nina noch wütender als vorher.

3. Spielt dann Konflikt und Lösung im Rollenspiel nach.

Einfühlungsvermögen zeigen

✔ Mit Menschen umgehen lernen

Lisa ist 14 und sitzt im Rollstuhl. Sie ist ein lebenslustiger Mensch und sehr stolz. Sie fühlt sich durch ihre Behinderung oft viel weniger eingeschränkt als durch den Umgang der Menschen damit. Sie möchte gerne ernst genommen werden und mag es nicht, wenn die Leute so tun, als funktioniere ihr Kopf nicht richtig.

1. Was glaubst du, wie würde sich Lisa in den folgenden Situationen fühlen?

a) Als sie mit einigen Bekannten im Fernsehen ein Handball-Turnier anschaut, sagt einer zu ihr: „Ich glaub', ich würd' auch ohne Ende Sport gucken, wenn ich null Sport machen könnte!".

b) Auf einer Party sagt ein Junge, den sie gar nicht kennt, zu ihr: „Finde ich toll, dass du mit dem Rollie einfach auf die Tanzfläche fährst. Da gehört echt Mut dazu."

c) Auf der Straße bietet eine ältere Frau Lisa an, sie ein Stück zu schieben.

2. Diskutiert eure Antworten.

Paul hat vor einem Jahr seinen Job verloren, weil seine Firma pleite gegangen ist. Obwohl er seitdem verzweifelt gesucht hat, hat sich nichts Neues ergeben.

1. Was glaubst du, wie würde sich Paul in den folgenden Situationen fühlen?

a) Als er auf dem Balkon sitzt, hört er, wie die ältere Dame unter ihm zu jemandem sagt: „Der macht ja auch nix, der Herr Weber. Der ist immer zu Hause."

b) Pauls Schwester hat Karriere gemacht und ruft freudestrahlend an, um ihm davon zu berichten.

c) Er sitzt zum wiederholten Male mehrere Stunden auf dem Arbeitsamt und wartet auf ein Beratungsgespräch, das er führen muss, um weiter Geld zu bekommen.

2. Diskutiert eure Antworten.

Zusammen sind wir stark! (1/2)

✔ Ein guter Teamspieler werden

Im Folgenden findet ihr einige Übungen, mit denen ihre eure Teamfähigkeit erproben und trainieren könnt. Nach jeder Übung solltet ihr darüber sprechen, wie gut jeder mitgearbeitet und seine Rolle im Team gespielt hat. Seid dabei möglichst ehrlich zu euch selbst!

Drama, Drama …

6 Personen

Entwickelt eine kurze Szene zu einer der folgenden Überschriften:

- *Verzweifelt gesucht!*
- *Die Nachricht*

Einigt euch:

- *Welche Personen kommen in eurer Szene vor,*
- *wer spielt welche Rolle,*
- *wo und wann findet die Handlung statt,*
- *was geschieht?*

Jeder von euch sollte einen Text sprechen, der mindestens drei Zeilen lang ist. Ihr habt 15 Minuten Zeit, um eure Szene zu proben und vorzuführen.

Überlebenstraining

5 Personen

Euer Team nimmt an einer Reality-Show im Fernsehen teil. Die Aufgabe besteht darin, auf einer einsamen Insel drei Monate lang zu überleben. Auf der Insel leben Giftschlangen und Wildschweine. Es gibt einen Fluss mit trinkbarem Wasser und vielen Fischen sowie Kokospalmen. Tagsüber ist es sehr heiß, nachts dagegen sehr kalt.
Der Showmaster erklärt euch, dass ihr nur sechs Gegenstände mitnehmen dürft, die ihr aus der folgenden Liste auswählen sollt:

- Angelrute
- leere Flaschen
- scharfes Messer
- Seil
- Zelt
- festes Schuhwerk
- Gewehr und Munition
- Gegengift für Schlangenbisse
- Reisvorrat für drei Monate
- Streichhölzer
- Kochtopf
- Schlafsäcke
- Verbandszeug
- Axt

Einigt euch im Team darauf, was ihr mitnehmen wollt. Begründet eure Auswahl. Ihr habt insgesamt zehn Minuten Zeit.

©Verlag an der Ruhr ↗ Postfach 10 22 51 ↗ 45422 Mülheim an der Ruhr ↗ www.verlagruhr.de ↗ ISBN 978-3-8346-0571-9

Zusammen sind wir stark! (2/2)

✔ Ein guter Teamspieler werden

Knotenproblem

10 Personen

Stellt euch im Kreis auf. Jeder soll nun von zwei Personen, die ihm im Kreis gegenüberstehen, eine Hand ergreifen. Jeder nimmt also jeweils eine Hand von zwei verschiedenen Mitspielern.

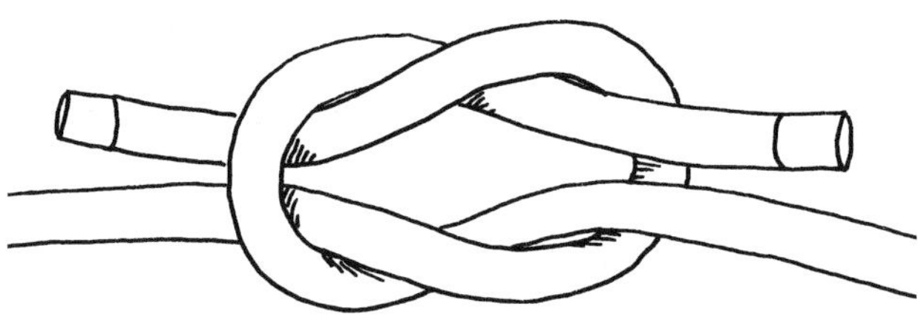

Ohne die Hände loszulassen, muss das Team nun versuchen, den Knoten zu lösen und wieder einen Kreis zu bilden. Es kann passieren, dass ein Mitspieler mit dem Gesicht nach außen dasteht oder dass sich plötzlich zwei Kreise ergeben.

Gegenstände bilden

6 Personen

Bildet im Team jeden/jedes der folgenden Gegenstände/Lebewesen nach. Jeder Mitspieler sollte ein Teil des Gegenstandes/Lebewesens sein und seine Position mindestens zehn Sekunden halten können.

Für den Computer dürft ihr euch einen Tisch zu Hilfe nehmen.

- Ruderboot
- Rollschuh
- Fahrrad
- Sofa
- Schmetterling
- Elefant
- Computer
- Auto

Ein Fragebogen

✔ Hilfsbereitschaft entwickeln

Fülle den folgenden Fragebogen aus. Vergleiche dann deine Antworten mit denen deiner Klassenkameraden.

1. Nenne Personen in der Schule und in der Familie, die dir regelmäßig helfen (Freunde, Geschwister, Eltern …).

Schule: ______________________

Familie: ______________________

2. Mit welchen Tätigkeiten helfen sie dir?

Schule: ______________________

Familie: ______________________

3. Warum brauchst du ihre Hilfe?

____

____

____

4. Was empfindest du, wenn sie dir helfen?

____

____

____

5. Nenne Personen in der Schule und in der Familie, denen du regelmäßig hilfst (Freunde, Geschwister, Eltern …).

Schule: ______________________

Familie: ______________________

6. Mit welchen Tätigkeiten hilfst du ihnen (Müll wegbringen, Nachhilfe geben …)?

Schule: ______________________

____

Familie: ______________________

____

7. Was ist davon deiner Meinung nach das Wichtigste? Warum?

____

____

____

8. Warum brauchen diese Menschen deine Hilfe?

____

____

____

9. Was empfindest du, wenn du ihnen hilfst?

____

____

____

10. Fallen dir noch weitere Menschen ein, die deine Hilfe benötigen könnten?

____

____

11. Ziehe ein Fazit. Bist du ein hilfsbereiter Mensch? Oder gibt es Punkte, an denen du noch arbeiten könntest?

____

____

____

____

____

____

____

Redeweisen

✔ Hilfsbereitschaft entwickeln

a) „Ungebet'ner Dienst hat keinen Dank."
Sprichwort

b) „Arme Gäste sendet uns Gott zu."
Sprichwort

c) „Wir neigen dazu, Erfolg eher nach der Höhe unserer Gehälter oder nach der Größe unserer Autos zu bestimmen als nach dem Grad unserer Hilfsbereitschaft und dem Maß unserer Menschlichkeit."
Martin Luther King

d) „Am besten nützen wir uns, wenn wir anderen Gutes tun."
Seneca

e) „Man kann seinen Mantel nur teilen, wenn man einen hat."
*Hans-Heinz Hauser (*1922), dt. Politiker (CDU)*

1. Fasse die Kernaussagen der Zitate mit eigenen Worten zusammen.

2. Diskutiert in der Klasse darüber. Stimmt ihr den einzelnen Aussagen zu? Oder seid ihr anderer Ansicht?

3. Welche Erfahrungen hast du selber mit Hilfsbereitschaft gemacht (mit deiner eigenen oder mit Hilfsbereitschaft, die dir gegenüber gezeigt wurde)? Kannst du sie in ein Sprichwort fassen?

Weitere Aktivitäten für Schüler

Ziel: Die Menschen um sich herum wahrnehmen und schätzen

- Auf dem Arbeitsblatt „Mein Beziehungsgeflecht“, S. 29, sollen die Schüler auf einer einsamen Insel einen Tagebucheintrag darüber verfassen, wer ihnen fehlt und warum. Sie können von ihrer „Insel“ auch entsprechende Postkarten an die Menschen, die ihnen wichtig sind, verfassen.
- Eine schöne Übung, die den Schülern bewusst macht, wen sie wofür schätzen, ist es, den Menschen, die ihnen am nächsten stehen, Songs bzw. Songtexte (oder Titel) zuordnen zu lassen.
- Die Schüler können eine Weile darüber Buch führen, wie oft am Tag sie einen positiven Kontakt mit Familienmitgliedern oder engen Freunden haben – sich z.B. gut mit jemandem unterhalten, jemanden umarmen etc. Ihre Ergebnisse können sie in einer Tabelle zusammenfassen. Mit wem haben sie am häufigsten Kontakt? Gibt es jemanden, mit dem sie noch mehr Kontakt haben könnten?
- Geben Sie den Schülern ein Fallbeispiel oder mehrere von Menschen vor, die einsam sind. Die Schüler sollen sich dann Gedanken machen, was diese Personen tun könnten, um Anschluss zu finden. Z.B.: „Lisa ist 48 Jahre alt. Sie hat sich gerade von ihrem Mann getrennt und ist nun allein in eine große Stadt gezogen. Kinder hat sie keine. Lisa interessiert sich für Literatur und geht gerne ins Kino. Sie kocht auch sehr gerne. Außerdem möchte sie sich engagieren und Menschen unterstützen, die Hilfe benötigen.“
- Lassen Sie die Schüler schriftlich oder mündlich von Gelegenheiten berichten, bei denen gute Freunde für sie da gewesen sind.

Ziel: Andere respektieren lernen

- Die Schüler können vor der Einheit zu den Menschenrechten eine Liste mit zehn Grundrechten erstellen, die ihrer Meinung nach jedem Menschen zustehen.
- Die Schüler können in der Klasse Schlagzeilen aus der lokalen, nationalen und internationalen Presse sammeln und vorstellen, bei denen es um die Verletzung von Rechten geht. Sie sollten jeweils herausfinden, warum die Rechte verletzt wurden und wessen Interessen hinter dieser Verletzung stehen.
- Jüngeren Schülern wird es Spaß machen, ein Fantasiebild zu malen, auf dem alle Menschen gleich sind, also die gleiche Frisur und Kleidung haben, die gleichen Hobbys, Häuser, Autos usw. Wie würden sie eine solche Welt beschreiben? Welche Vorteile hat es, dass die Menschen so unterschiedlich sind?
- Die Schüler können eine Liste mit Helden aus Literatur und Film erstellen, die „anders“ sind, und sich darüber austauschen, was sie „anders“ macht und wie sie bzw. die anderen damit umgehen.
- Lassen Sie die Schüler über die Macht und Bedeutung des Sprachgebrauchs in verschiedenen Situationen diskutieren und entsprechende Rollenspiele entwickeln, die anschließend in der Klasse analysiert werden können.
- Diskussionen über aktuelle Themen bieten sich an, um den Schülern klar zu machen, dass jeder das Recht auf eine eigene Meinung hat und man sich ggf. auf Kompromisse einigen kann oder muss.
- Die Schüler können aus der regionalen, nationalen und internationalen Presse Artikel zu Ereignissen sammeln, die infolge eines mangelnden Respekts vor der Meinung anderer stattgefunden haben, und sich darüber austauschen. Was halten sie von den Ereignissen?
- Jeder Schüler bekommt eines von vier Themen, zu dem er eine schriftliche Arbeit anfertigen soll. Zu jeweils einem Thema können dann die Arbeiten vorgelesen werden, sodass man die verschiedenen Standpunkte vergleichen kann.
- Im Plenum kann darüber diskutiert werden, warum manche Menschen scheinbar ohne Anlass andere schikanieren und bloßstellen, warum es an jeder Schule Mobbing gibt. Welche Motive haben die Täter? Wie ist ihr Vorgehen einzuschätzen?
- In kleinen Gruppen können die Schüler Verhaltensprobleme zusammentragen, die während eines Schultages entstehen können. Anschließend versuchen sie, diese nach „Schwere des Falles“ zu klassifizieren, und schlagen für jedes

Problem eine Lösung bzw. Konsequenz vor. Die ganze Klasse soll dann entscheiden, welche Maßnahme beim jeweiligen Problem am geeignetsten ist. Künftig kann darauf geachtet werden, dass die entsprechenden Maßnahmen auch umgesetzt werden.

- Lassen Sie die Schüler Buch führen über Dinge, die ihnen im Laufe des Schuljahres positiv an Klassenkameraden auffallen (Hilfsbereitschaft, Ehrlichkeit, Einsatzbereitschaft ...). Am Ende des Jahres können sie den Betreffenden einen kleinen Preis verleihen.

Ziel: Umgangsformen reflektieren

- Die Schüler können sich über Erlebnisse austauschen, in denen ihnen selbst mangelnde Umgangsformen übel aufgestoßen sind, und über die Gründe für ihre eigene Reaktion darauf reflektieren.
- Lassen Sie die Schüler darüber diskutieren, wie man ein höfliches Telefongespräch führt, und eine Liste mit guten und mit inakzeptablen Verhaltensweisen anfertigen. Mit einem Partner können sie diese Verhaltensweisen im Rollenspiel erproben und dabei Alter, Identität und persönliches Verhältnis der beiden Gesprächsteilnehmer variieren. So erkennen sie, wie viele ungeschriebene Gesetze es gibt und welche Rolle diese Gesetze im Umgang miteinander spielen.
- Die Schüler können gemeinsam ein Plakat mit Umgangsformen entwerfen, die man in der Schule wahren sollte.

Ziel: Mit Menschen umgehen lernen

- In der Gruppe kann erörtert werden, welche Eigenschaften zu der Fähigkeit gehören, gut mit Menschen umzugehen. Dann können die einzelnen Schüler jeweils zwei Listen erstellen: eine mit den Eigenschaften und Fähigkeiten, die sie zu haben glauben, die andere mit den Eigenschaften und Fähigkeiten, die ihnen ihrer Meinung nach fehlen/die sie trainieren wollen. Welche Liste ist länger geworden? Die Schüler können dann einzelnen Partnern oder der Gruppe ihre Listen vorlesen (das sollte allerdings freiwillig sein). Stimmen die Klassenkameraden zu? Wie könnte an den mangelnden Fähigkeiten gearbeitet werden?
- Lassen Sie die Schüler im Rollenspiel Konfliktsituationen entwickeln und die notwendigen Schritte diskutieren, die zu einem friedlichen und positiven Ausgang führen würden. Sie können auch Streitfälle Revue passieren lassen, die sie selbst erlebt bzw. mitbekommen haben.

Ziel: Ein guter Teamspieler werden

- Es gibt zahlreiche Spiele, die die Entwicklung von Teamfähigkeit unterstützen. Literatur finden Sie im Literaturverzeichnis auf S. 114.
- Nach dem Abschluss jeder Projektarbeit, die die Schüler durchführen, sollten sie darüber diskutieren, wie gut die Gruppenmitglieder zusammengearbeitet haben. Positive und negative Erfahrungen sollten besprochen werden. Die Gruppen können sich auch auf ein Vorgehen festlegen, das beim nächsten Mal die Arbeit im Team noch leichter von der Hand gehen lässt.

Ziel: Hilfsbereitschaft entwickeln

- Lassen Sie die Schüler zusammentragen, wer zu Hause wie regelmäßig hilft. Wie viele Schüler welche Aufgaben erledigen, können sie dann auswerten und grafisch darstellen.

Die Umwelt schätzen und schützen

3

Viele Jugendliche sind sich heute über aktuelle Umweltproblematiken im Klaren und recht engagiert, wenn es darum geht, das ihrige zum Umweltschutz beizutragen. Anderen wiederum fehlt das entsprechende Hintergrundwissen, oft wissen sie gar nicht, wie einfach es ist, Belastungen im Kleinen zu vermeiden. Die Arbeitsblätter in diesem Kapitel sollen zugleich aufklären und verdeutlichen, was der Einzelne tun kann. Schwierig ist es natürlich immer, wenn es um die Familien geht. Einige Arbeitsblätter fordern zum Umweltschutz zu Hause auf. Das liegt nur teilweise in der Hand der Schüler. Manche Eltern werden offen sein und gerne mit ihren Kindern lernen, wie sie mehr für die Umwelt tun können. Andere werden sich vielleicht bevormundet fühlen oder aus ganz anderen Gründen ihre Gewohnheiten fortsetzen (beispielsweise kann es finanzielle Gründe haben, dass man sich für Waren in Plastikverpackungen oder für Obst und Gemüse entscheidet, das eben nicht „bio" ist.) Hier gilt es, im Einzelfall abzuwägen, inwieweit die Schüler mit ihren Eltern zusammenarbeiten können. Vielleicht informieren Sie die Eltern zu Beginn der Unterrichtseinheit in einem Brief kurz darüber, was Sie planen und inwieweit auch ein Engagement zu Hause gefragt ist. Machen Sie auch den Schülern eventuelle Grenzen klar.

Diskussionsanregungen/Gesprächsanlässe zu den einzelnen Lernzielen

Ziel: Müll verstehen, Müll vermeiden

Kampf gegen den Abfall (S. 51):

- Wie bewusst gehen die Schüler an der Schule mit Abfall um? Wie einschneidend sind die Veränderungen nach der Kampagne?
- Inwieweit hilft schon Aufklärung, also Wissen, dabei, die Umwelt zu schützen?

Die wöchentliche Plastikbilanz (S. 52):

- Warum sind Plastikverpackungen für Lebensmittel so beliebt?
- Sammelt alternative, biologisch abbaubare Verpackungen.

Ziel: Mit Ressourcen umgehen

Energieforschung (S. 53)/ Energiediskussion (S. 54/55):

- Warum ist es sinnvoll, Sonne, Wind und Wasser als alternative Energiequellen zu nutzen?
- Was sind die wichtigsten Ursachen des Treibhauseffekts?
- Welche Rolle spielt die Ozonschicht für den Schutz unseres Planeten vor schädlicher Sonnenstrahlung? Was hat Energienutzung damit zu tun?
- Wie entstehen fossile Brennstoffe?
- Warum wird es in der Zukunft zu einem Problem mit der Energieversorgung kommen, wenn wir jetzt alle fossilen Brennstoffe verbrauchen?
- Was kann der Einzelne dazu beitragen, um den Verbrauch an fossilen Brennstoffen zu reduzieren?

Eine Energiesparbroschüre (S. 56):
- Warum ist es wichtig, Energie zu sparen?
- Wie können wir zu Hause oder anderswo Energie sparen?

Ziel: Bewahren und schützen

Bedrohte Tierarten (S. 57):
- Wie können wir natürliche Lebensräume schützen?
- Aus welchen Gründen können wild lebende Tiere gefährdet sein?
- Welche Organisationen kümmern sich um gefährdete Arten?

Umweltfreundliche Reinigungsmittel (S. 58):
- Welche umweltfreundlichen Produkte und welche die Umwelt belastenden Produkte verwendet deine Familie zu Hause?
- Welche Alternativen gibt es zu Haushaltsprodukten, die nicht umweltfreundlich sind? Gibt es auch Grenzen?

Kampf gegen den Abfall

✔ Müll verstehen, Müll vermeiden

Die ganze Klasse organisiert eine Kampagne, um die Schule müllarm zu machen. Geht nach den folgenden Schritten vor:

1. Informiert euch über den richtigen Umgang mit Müll. Tragt zunächst euer Wissen zusammen. Dann ergänzt ihr es, z.B. hier: www.medienwerkstatt-online.de/lws_wissen > Technik und Umwelt > Müll
Haltet in eurem Heft stichpunktartig fest, was ihr herausfindet.

2. Findet heraus, welche Kern-Probleme es mit Müll an eurer Schule gibt. Dazu könnt ihr mit eurem Direktor, dem Hausmeister und anderen Schülern sprechen.

- *Wie viel Müll entsteht?*
- *Wo sammelt sich dieser Müll?*
- *Wird der Müll richtig getrennt? Wenn nein – warum nicht? Wissen die Schüler vielleicht nicht so genau, wie? Fehlen Trenn-Möglichkeiten, z.B. ein Komposthaufen? …*

3. Sprecht, gemeinsam mit eurem Lehrer, mit der Schulleitung, um herauszufinden, welches Budget euch zur Verfügung steht.

4. Diskutiert in der Klasse, wie ihr im Rahmen eures Budgets gegen die einzelnen Kern-Probleme vorgehen könnt. (Womit müsste die Schule/müssten die einzelnen Klassen ausgestattet werden? Wie kann man die Schüler am besten aufklären? …)

5. Bildet entsprechende Kleingruppen. Teilt das Budget schon mal grob auf die einzelnen Gruppen auf. Wenn ihr mit euren Planungen fortgeschritten seid, könnt ihr euch dann noch mal genauer abstimmen.

- *Die **Kleingruppe „Material“** findet heraus, was genau in welcher Anzahl an der Schule fehlt (Kehrschaufeln und –bleche, Komposthaufen …) und was im Rahmen des Budgets angeschafft werden kann.*
- *Die **Kleingruppe „Werbung“** entwickelt verschiedene Werbemittel, die sie selbst anfertigen kann und mit denen sie die anderen Schüler möglichst effektiv auf das Abfallproblem aufmerksam macht bzw. darüber informiert, z.B. Poster, Sticker … Jeder Schüler sollte dadurch angeregt werden, sich mit dem Müll an der Schule (und darüber hinaus) auseinanderzusetzen. Überlegt euch einen griffigen Slogan für die Kampagne.*

6. Wenn eure Materialien fertig sind, dann testet ihr eure Kampagne ein oder zwei Wochen lang. Schreibt auf, wie sich eure Kampagne auf das Abfallproblem auswirkt. Notiert auch eure Anmerkungen und Eindrücke zur Kampagne selbst.

Auswirkungen der Kampagne:

Anmerkungen zur Kampagne:

Die wöchentliche Plastikbilanz

✔ Müll verstehen,
Müll vermeiden

Plastikmüll ist für die Umwelt schwer zu verdauen. Dabei ließe er sich leicht reduzieren. In Privathaushalten sammeln sich vor allem Kunststoffverpackungen von Molkereiprodukten und Körperpflegemitteln an. Dafür gibt es jedoch umweltfreundliche Alternativen, so der BUND „Freunde der Erde“.
Ein durchschnittlicher Plastik-Jogurtbecher hat rund 70 000 km auf dem Buckel, bevor er im Einkaufskorb bzw. im Mülleimer landet. Nicht nur der Zucker, die Früchte und die Milch legen auf dem Weg zum Jogurt oft eine lange Strecke zurück, auch die Rohstoffe für den Becher werden von weither angekarrt. Die durch den Transport- und Energieaufwand entstehenden Emissionen (= Abgabe von Stoffen, Energien und Strahlen an die Umgebung durch eine bestimmte Quelle) tragen zum Klimawandel bei.

Der BUND empfiehlt, Produkte ohne Kunststoffverpackungen zu kaufen. Jogurt in Mehrweg-Gläsern ist zwar manchmal teurer, aber oft hochwertiger als der in Plastik verpackte. Wer auf dem Markt einkauft, vermeidet nicht nur Verpackungsmüll. Die Waren sind frischer und haben einen kürzeren Anfahrtsweg hinter sich. Auch Supermärkte bieten Obst und Gemüse zum Teil ohne Verpackung an. Plastikschalen für Obst und Gemüse bestehen aus Kunststoffen, die schwerer zu recyceln sind als z.B. Plastikflaschen.
Bei Nahrungsmitteln wie Nudeln oder Müsli lohnt es sich, große Portionen zu kaufen. Kosmetikprodukte können in manchen Drogerien und Ökomärkten nachgefüllt werden. Wer will, kann auch probieren, Jogurt, Haarkur oder Hautcreme aus frischen natürlichen Zutaten selbst herzustellen.

(Quelle: http://www.bund.net)

1. Zeichne auf ein DIN-A4-Blatt eine Tabelle nach dem folgenden Muster, in die deine Familie eine Woche lang eintragen kann, was an den einzelnen Tagen an Plastikmüll angefallen ist.

Tag	Mo	Di	Mi	Do	Fr	Sa	So	insgesamt
Plastikmüll	- Milchtüte - Butterverpackung							

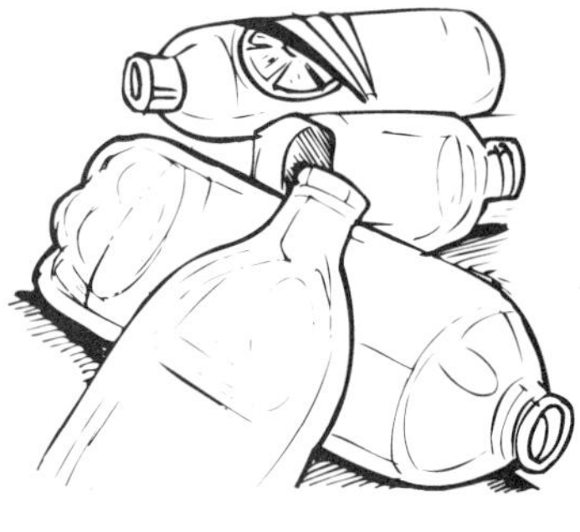

2. Vergleicht eure Ergebnisse in der Klasse.

3. Suche nach Möglichkeiten, wie die Plastikverpackungen, die in der Tabelle angefallen sind, hätten vermieden werden können. Überlege auch, ob man sie wieder verwenden könnte (beispielsweise könnte man Jogurtbecher verwenden, um darin Farben anzumischen). Sprich mit deinen Eltern über diese Möglichkeiten. Welche könntet ihr umsetzen? Bei welchen wird es, aus zeitlichen oder finanziellen Gründen, schwierig?

Energieforschung

✔ Mit Ressourcen umgehen

Um unser Leben in einer industriellen Welt in Gang zu halten, müssen wir Energien nutzen. Aber die Nutzung von Energien geht häufig zu Lasten der Umwelt: Die Verwendung so genannter „fossiler Brennstoffe" (z.B. Braun- und Steinkohle oder Erdöl) setzt Gase frei, die den Treibhauseffekt unterstützen, also zur Erwärmung des Erdklimas beitragen. Weitere Folgen der Energienutzung können z.B. saurer Regen und das Entstehen von Ozon-Gas sein. Auch die Atomenergie birgt viele Risiken, die bis heute nicht beherrschbar sind. Abfälle können nicht umweltfreundlich abgebaut werden.
Es gibt drei Möglichkeiten, um diese Belastungen für die Umwelt zu vermindern:

- *Energie einsparen,*
- *Energie so effizient wie möglich nutzen,*
- *die so genannten „erneuerbaren Energien" einsetzen.*

„Erneuerbare Energien" zu nutzen, heißt, auf natürliche Energieströme zurückzugreifen, die immer wieder neu zur Verfügung stehen. Dazu gehören z.B.:
a) Sonnenwärme,
b) Wasserkraft,
c) Windkraft.

Vor allem die Kraft von Wind und Wasser nutzen die Menschen schon seit langer Zeit, aber auch die Sonnenwärme wird immer mehr genutzt (Stichwort: Solarzellen). In der Zukunft sollte verstärkt auf solche Energien gesetzt werden. Immer wieder wird das zwischen Politikern und zwischen den einzelnen Staaten diskutiert. Derzeit wird in Deutschland Energie aus einem Mix aus erneuerbaren und nicht erneuerbaren Quellen gewonnen.

1. Bildet drei Gruppen **a**, **b**, und **c** in der Klasse. Jede Gruppe sucht sich eine der Energien aus. Notiert hier, welches „eure" Energiequelle ist:

____

2. Jede Gruppe sammelt zunächst bereits bekannte Beispiele für die Nutzung „ihrer" Energiequelle.

____

____

____

____

3. Überlegt gemeinsam, welche Vorteile die Nutzung der jeweiligen Quelle hat. Fallen euch auch Nachteile ein? Legt in eurem Heft eine Tabelle an.

4. Ergänzt nun eure Notizen zu Aufgabe 2 und 3 um Informationen aus dem Internet. Einiges findet ihr z.B. hier: www.erneuerbare-energien.de

5. Überlegt, wo in eurem Heimatort und seiner Umgebung solche Energien bereits genutzt werden und wo sie verstärkt genutzt werden könnten. Entwickelt Vorschläge. Wo wäre z.B. Platz, um die technischen Voraussetzungen zur Verfügung zu stellen; welche Unternehmen könnten davon profitieren ...?

6. Stellt eure Ergebnisse der Klasse vor.

©Verlag an der Ruhr ↗ Postfach 10 22 51 ↗ 45422 Mülheim an der Ruhr ↗ www.verlagruhr.de ↗ ISBN 978-3-8346-0571-9

Energiediskussion (1/2)

✔ Mit Ressourcen umgehen

Politiker beschäftigen sich immer wieder mit dem Thema „Erneuerbare Energien". Manche Parteien wollen ihren Einsatz vorantreiben, andere argumentieren dagegen bzw. für eine gemischte Energiegewinnung. Im Folgenden einige Argumente.

Fossile Brennstoffe

pro	kontra
◗ Braunkohle lässt sich leicht und günstig abbauen ◗ Erdöl liefert gleich viele verschiedene wichtige Kraftstoffe ◗ Gas verbrennt relativ schadstoffarm	◗ Verbrennung fördert durch Kohlenmonoxid den Treibhauseffekt; Naturkatastrophen nehmen zu ◗ bei der Verbrennung entsteht Staubbelastung ◗ Vorräte sind irgendwann erschöpft ◗ einzelne Staaten sind von anderen abhängig, die über ein großes Vorkommen dieser Energien verfügen ◗ Kohleabbau erfordert viel Raum ◗ Unglücke beim Transport von Erdöl können zu Umweltkatastrophen führen ◗ Gastransporte bringen Explosionsgefahren mit sich ◗ Staaten ohne Erdölvorhaben sind von den „Erdölstaaten" abhängig

Atomenergie

pro	kontra
◗ im Gegensatz zur Verbrennung fossiler Brennstoffe stoßen Atomkraftwerke kein Kohlenmonoxid aus, das die Umwelt belastet ◗ Atomenergie hat einen besonders großen Energiegehalt und kann den hohen Strombedarf einzelner Staaten problemlos und kostengünstig decken ◗ im Gegensatz zu manchen erneuerbaren Energien ist die Atomkraft wetterunabhängig	◗ radioaktives Material ist sehr gefährlich wegen der hohen Strahlenbelastung, die davon ausgeht. Bei Unfällen entstehen lebensgefährliche Gesundheitsschäden, radioaktive Strahlung kann z.B. schon in kleinen Mengen Krebs verursachen. ◗ atomarer Abfall kann nicht umweltfreundlich abgebaut werden und stellt ein großes und langfristiges Umweltproblem dar

Energiediskussion (2/2)

✔ Mit Ressourcen umgehen

Erneuerbare Energien

pro	kontra
◗ die Gewinnung erneuerbarer Energien schafft neue Arbeitsplätze ◗ die Gewinnung erneuerbarer Energien kommt der Umwelt zugute und schafft Alternativen zu Energiequellen, die irgendwann nicht mehr verfügbar sein werden ◗ die Energien erneuern sich selbst ◗ der Wettbewerb auf dem Energiemarkt wird gefördert, indem mehr Anbieter auf den Markt drängen ◗ die Staaten können diese Energien selbstständig nutzen und sind nicht auf andere Länder angewiesen ◗ auch in die Gewinnung traditioneller Energien musste zunächst viel Geld gesteckt werden, „aller Anfang ist schwer". Wenn die Möglichkeiten geschaffen wurden, sind erneuerbare Energien günstig zu gewinnen ◗ teilweise sind die Energien vom Wetter abhängig, also nicht so berechenbar/zuverlässig	◗ Die Gewinnung erneuerbarer Energien kostet zunächst einmal Zeit und Geld, da investiert werden muss und Möglichkeiten geschaffen werden müssen. Dadurch werden viele industrielle Entwicklungen zunächst einmal gebremst. ◗ gäbe es derzeit nur erneuerbare Energiequellen, hätten wir bei unserem Bedarf ein echtes Strommangel-Problem ◗ Arbeitsplätze im Bereich der traditionellen Energiegewinnung fallen weg ◗ der Wettbewerb auf dem Energiemarkt ist gehemmt; Strom- und Gaspreise sind zu hoch ◗ es muss viel Geld in die neuen Energien gesteckt werden

1. Stellt euch vor, ihr seid Politiker und sitzt im Bundestag – ihr sollt nun eine Pro- und Kontradiskussion zum Thema „Erneuerbare Energien" führen. Bildet dazu in der Klasse zwei Parteien (unabhängig davon, welcher Meinung ihr wirklich seid).

2. Bereitet euch gut auf eure Rollen vor: Seht euch jeweils die Argumente der Gegenseite genauso gut an wie eure eigenen. Wie könnt ihr die Argumente der anderen Partei entkräften? Macht euch entsprechende Notizen. Nehmt auch die Informationen zu Hilfe, die ihr auf dem Arbeitsblatt „Energieforschung" erarbeitet habt.
Denkt daran: In der Politik einigt man sich häufig auf Kompromisse. Welche Kompromisse könntet ihr euch vorstellen?

3. Führt nun eure Diskussion. Euer Lehrer ist der Diskussionsleiter.

© Verlag an der Ruhr ↗ Postfach 102251 ↗ 45422 Mülheim an der Ruhr ↗ www.verlagruhr.de ↗ ISBN 978-3-8346-0571-9

Eine Energiesparbroschüre

✔ Mit Ressourcen umgehen

Bildet Kleingruppen. Gestaltet gemeinsam eine Broschüre für interessierte Bürger mit dem Titel „Die besten Energiespar-Tipps für den Haushalt". Informieren könnt ihr euch im Internet, z.B. hier: www.energie-richtig-sparen.de

Eure Broschüre

- ***sollte mit von euch angefertigten Zeichnungen (z.B. Skizzen) illustriert sein,***
- ***sollte schwarz-weiß sein, damit ihr sie günstig kopieren könnt,***
- ***solltet ihr auf einem DIN-A4-Blatt gestalten, das ihr so falten könnt, dass drei Teile entstehen. Dann habt ihr, die Rückseite mit eingerechnet, sechs Seiten zur Verfügung.***

1. Entwerft eine Gliederung. Wie soll eure Broschüre strukturiert sein? Berücksichtigt Raum für einen kurzen Einleitungstext („Warum überhaupt Energie sparen?"), eure Tipps sowie eine abschließende Zusammenfassung oder einen Ausblick („Was heißt das für mich? Welche Möglichkeiten habe ich? Was kann ich im Alltag umsetzen?").

Seite 1	**Seite 2**
Seite 3	**Seite 4**
Titelbild	**Rückseite**

2. Recherchiert nun Energiespartipps zu jedem der folgenden Punkte: Heizung/Klimaanlage, Warmwasser, Energieverbrauch in der Küche, Beleuchtung, Wäsche, andere elektronische Geräte (z.B. Computer und Zubehör, Fernsehgerät ...).

3. Wählt die wichtigsten Tipps aus, die ihr in eure Broschüre mit aufnehmen wollt.

4. Verfasst die Texte, fertigt eure Zeichnungen an, und gestaltet schließlich eure Broschüre.

5. Überlegt gemeinsam mit eurem Lehrer, wo ihr sie verteilen könntet (in der Schule, zu Hause, in der Fußgängerzone ...). Die Anzahl der Kopien ist natürlich davon abhängig, wie viel Geld ihr zur Verfügung habt (Stellt die Schule etwas zur Verfügung? Vielleicht spenden auch eure Eltern etwas?).

Bedrohte Tierarten

✔ Bewahren und schützen

Stelle dir vor, du übernimmst eine „Patenschaft" für eine bedrohte Tierart. Schreibe für ein Umweltmagazin einen Bericht über dieses Tier. Informiere dich darüber z.B. im Internet (wwf-arten.wwf.de) oder in der Schulbibliothek.

1. Notiere dir zu jedem Stichpunkt Informationen:

Name des Tieres:	
Wie sieht es aus?	Wie viele Exemplare gibt es noch in etwa weltweit?
Lebensraum	Ernährung
Natürliche Feinde	Wodurch ist die Tierart bedroht?
Was wird zur Rettung der Tierart getan? Was könnte getan werden?	Warum sollte diese Tierart vor dem Aussterben gerettet werden?

2. Verfasse dann anhand der Informationen, die du recherchiert hast, deinen Bericht. Rufe darin die Leser dazu auf, sich für diese Tierart zu engagieren und für ihren Schutz zu spenden.

Umweltfreundliche Reinigungsmittel

✔ Bewahren und schützen

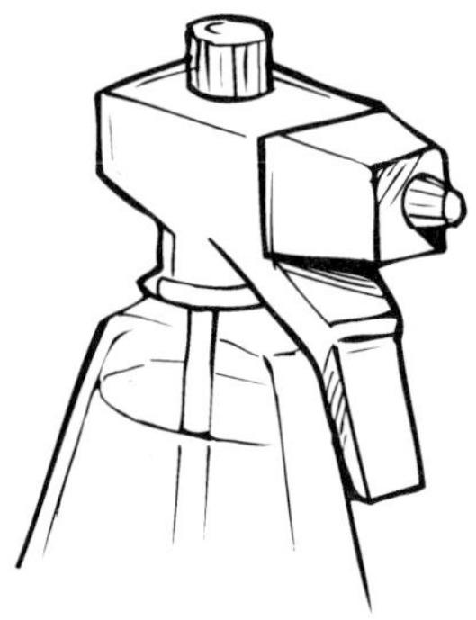

Viele Haushaltsreiniger, die wir im Supermarkt kaufen, belasten die Umwelt. Auch die Zusätze „umweltfreundlich" oder „Bio" sind keine Garantie dafür, dass sie absolut umweltverträglich sind. Deutschland ist das Land in Europa, das am meisten Wasch- und Reinigungsmittel verbraucht – mehr als zwei Millionen Tonnen geraten hier jährlich ins Grundwasser. Aber es gibt Alternativen. Und die kann man sogar selber herstellen.

1. Bildet Kleingruppen. Findet Rezepte für einen absolut umweltverträglichen Haushaltsreiniger, den ihr selbst herstellen könnt – aus ganz natürlichen Materialien. Ihr habt folgende Möglichkeiten:

- *Interviewt eure Mütter oder Großmütter nach Rezepten.*
- *Recherchiert im Internet.*
- *Vielleicht habt ihr selbst eine Idee, welche Kombination von natürlichen Wirkstoffen ein effizientes Reinigungsmittel ergeben könnte?*

Beispiel:

Name des Produkts:
Essigreiniger
Geeignet zur Reinigung von:
Fliesen, Fenstern, Toiletten …
Zutaten:
Wasser, Essig
Zubereitung:
jeweils eine Tasse Wasser und eine Tasse Essig mischen – fertig!
Testergebnisse:
Einwandfrei!

Name des Produkts: ______________________

Geeignet zur Reinigung von: ______________________

____

Zutaten: ______________________

____

Zubereitung: ______________________

____

____

Testergebnisse: ______________________

____

2. Danach könnt ihr in der Klasse ein kleines „Rezeptbuch" zusammenstellen und es ggf. für eure Familien vervielfältigen.

Weitere Aktivitäten für Schüler

Ziel: Müll verstehen, Müll vermeiden

- Lassen Sie die Schüler Vorschläge sammeln, wie man gebrauchte Materialien im Klassenzimmer verwenden könnte, z.B. Eierkartons zum Farbenmischen, größere Jogurtbecher zum Aufbewahren von Pinseln ...
- In der Klasse können sie verschiedene Verpackungsmaterialien zusammentragen und sie nach „biologisch abbaubar", „wiederverwendbar" und „recycelbar" bzw. „nicht oder schlecht abbaubar" sortieren.

Ziel: Mit Ressourcen umgehen lernen

- In Absprache mit den Eltern können sich die Schüler zu Hause als „Energiebeauftragte" engagieren und über einen bestimmten Zeitraum hinweg beobachten, wo Energie verschwendet wird, indem z.B. ein Strom verbrauchendes Gerät (Fernseher, Radio etc.) oder das Licht angelassen wird, obwohl niemand es benutzt bzw. braucht. Anschließend können sie eine Aufstellung machen und entsprechende Schlussfolgerungen ziehen. Energie zu sparen, bedeutet auch, Geld zu sparen.
- Danach können sie die Strom- und Gasrechnungen ihrer Familie mit den Rechnungen vergleichen, die vor ihrem Einsatz ausgestellt wurden. Dabei müssen natürlich auch die Jahreszeiten berücksichtigt werden.
- Wenn es um erneuerbare Energien geht, können die Schüler mit den althergebrachten Energiequellen, wie Wind und Wasser, experimentieren und beispielsweise ein Wind- oder Mühlrad bauen sowie von der so gewonnenen Energie Gebrauch machen.

Ziel: Bewahren und schützen

- Die Schüler können im Biologie-Unterricht Wasserproben aus nahe liegenden Gewässern mit Leitungswasser vergleichen und nach Gründen für ihre Ergebnisse suchen.
- Ein weiteres Experiment könnte sein, an verschiedenen Plätzen des Heimatortes weißen Stoff anzubringen und die Stoffproben nach einiger Zeit zu vergleichen. Wie stark sind die einzelnen Stücke verschmutzt? Was sagt das über die verschiedenen Orte aus? Welche Möglichkeiten gäbe es dort, wo die Verschmutzung groß ist, sie zu verringern?
- Die Schüler können mit einer Gruppe in der Nähe Kontakt aufnehmen, die sich im Umweltschutz engagiert, beispielsweise einer regionalen Greenpeace-Gruppe. So können sie sich über Umweltprobleme sowie Möglichkeiten, sich zu engagieren, informieren.
- Mit Hilfe ihrer Eltern und Großeltern können die Schüler versuchen, herauszufinden, wie sich ihre nähere Umgebung in den letzten 10, 20 und 50 Jahren verändert hat. Welche Tiere sind verschwunden, was waren die Ursachen? Wie hat sich die Natur entwickelt, und warum? Welche Schlussfolgerungen lassen sich daraus ziehen?
- In Kleingruppen können die Schüler eine Liste der gesundheitsschädlichen Inhaltsstoffe zusammenstellen, die in Reinigungsmitteln für den Haushalt enthalten sind. Das Arbeitsblatt „Umweltfreundliche Reinigungsmittel" wird ihnen helfen, genügend Alternativen zusammenzutragen. Vielleicht können sie ihre Eltern von dem einen oder anderen Mittel überzeugen, jedenfalls sollten sie ihnen das erarbeitete „Rezeptbuch" zugänglich machen ...

Wissensdurst und „Lernlust"

4

Viele Schüler verbinden Lernen mit der Schule, mit einem Zwang, den sie nicht unbedingt nachvollziehen können. Der Spruch „Nicht für die Schule, sondern fürs Leben lernen wir" scheint abgedroschen – und ist doch eine der wichtigsten Lektionen, die jeder Schüler verinnerlichen sollte. Verdeutlichen Sie ihnen, dass Wissen Möglichkeiten und Chancen im Leben eröffnet, dass die Entscheidungen, die sie treffen, und die Wege, die sie einschlagen, immer von dem abhängen, was sie gelernt haben. Dabei sollen sie Fehler als wichtige Lernmöglichkeit begreifen – und nicht als ein Versagen. Indem die Schüler selbst herausfinden, wie sie am besten lernen, können sie auch selber neue Strategien entwickeln. Diese Arbeitsblätter können Ihren Schülern dabei helfen, eine neue Lust am Lernen zu entwickeln.

Für das Arbeitsblatt „Mehr über die Welt erfahren", S. 65, sollten Sie Ihren Schülern interessante Zeitungsartikel über Ereignisse aus anderen Ländern mitbringen.

Diskussionsanregungen/Gesprächsanlässe zu den einzelnen Lernzielen

Ziel: Erkennen, dass man für das Leben lernt

- „Wissen ist Macht." Diskutiert über diese Aussage.

Der Lehrplaner (S. 63):
- Was sind eurer Meinung nach die wichtigsten Dinge, die ihr in der Schule lernt?
- Wie fühlt ihr euch, wenn ihr etwas Schwieriges gelernt habt und es anwenden könnt?
- Worauf freut ihr euch am meisten, was ihr in der Zukunft lernen werdet?

Erste Hilfe (S. 64):
- Warum ist Wissen eigentlich so wichtig?
- Bei welcher Gelegenheit hat euch entscheidendes Wissen gefehlt? Welche Situation habt ihr durch entscheidendes Wissen meistern können?
- Wie kann sich Wissen auf das Selbstbewusstsein auswirken?

Mehr über die Welt erfahren (S. 65):
- Warum ist es wichtig, zu wissen, was auf der Welt passiert?
- Wie könnt ihr etwas über die Menschen und Ereignisse in anderen Ländern erfahren?

Meine wichtigste Lektion (S. 66):
- Welche Lernsituationen waren für euch besonders wichtig?
- Von wem habt ihr eure wichtigste Lektion gelernt?

Das Fehler-Spiel (S. 67):
- Was wäre beim Lernen anders, wenn ihr niemals Fehler machen würdet?
- Die Erfindung des Rades und die Entdeckung der Kraft des Feuers – Fehler oder Absicht? Diskutiert darüber.
- Von welchen Lernerfolgen auf Grund eines Fehlers könnt ihr berichten?

Wissensquellen (S. 68):
- Welches sind eurer Meinung nach die wichtigsten Wissensquellen?
- Warum sollten wir unser Leben lang lernen?
- Was könnt ihr selbst lernen, wenn ihr einem anderen etwas beibringt? (Habt ihr schon mal jemandem Nachhilfe gegeben? Welche Erfahrung habt ihr selbst dabei gemacht?)

Gewappnet für die Zukunft (S. 69):
- Welche Bereiche interessieren euch besonders? Wie könnt ihr selbstständig euer Wissen erweitern?
- Was habt ihr beim Erreichen eurer bisherigen Ziele bereits gelernt?
- Wie fühlt man sich, wenn man etwas lernt, von dem man weiß, dass es einen weiterbringt? Wie fühlt man sich, wenn man den konkreten Nutzen nicht erkennt?
- Fragt ihr euch regelmäßig, wobei das Gelernte euch nützlich werden könnte? Findet ihr oft eine Antwort?

Der Kritiker (S. 70):
- Was bedeutet „kritisch denken"? Warum denkt man dabei oft an etwas Negatives?
- Wie könnt ihr eure Fähigkeit zu kritischem Denken fördern?
- In welchen Situationen kann die Fähigkeit zu kritischem Denken sehr wichtig sein?

Ziel: Spaß am Lernen gewinnen

Kuriose Fakten (S. 71):
- Gehst du Dingen, die du interessant findest, sofort auf den Grund? Warum?/Warum nicht?
- Kinder stellen eine Frage nach der anderen. Was glaubst du – warum hören sie irgendwann damit auf, wenn sie älter werden?

Welcher Lerntyp bist du? (S. 72–75):
- Was ist eure Lieblingsbeschäftigung? Was ist euer Lieblingsfach in der Schule? Hängen die beiden Dinge zusammen?
- Warum kann es hilfreich sein, wenn ihr wisst, welcher Lerntyp ihr seid?

Ziel: Von anderen lernen

Ein Schulfach „Leben" … (S. 76):
- Welche Rolle können die Erfahrungen, die wir machen, für unser zukünftiges Leben spielen?
- Inwieweit muss man Erfahrungen selber machen, um daraus zu lernen?

Vorbilder erkennen (S. 77):
- Welche Rolle spielen Vorbilder in eurem Leben?
- Habt ihr auch Vorbilder aus den Medien?
- Kann es auch von Nachteil sein, Vorbilder zu haben?

Der Lehrplaner

✔ Fürs Leben lernen

Stelle dir vor, du hast mit ein paar Freunden die einmalige Gelegenheit, eine Schule selber zu gestalten – und du bist für den Lehrplan verantwortlich! Das bedeutet, dass du entscheiden kannst, was die Kinder an dieser Schule lernen sollen, um fit für die Zukunft zu werden.

- ◯ Deutsch
- ◯ Fremdsprachen
- ◯ Mathematik
- ◯ Physik/Chemie
- ◯ Biologie
- ◯ Geschichte/Geografie/ Sozialkunde
- ◯ Wirtschaft
- ◯ Religion/Ethik
- ◯ Kunsterziehung
- ◯ Musik
- ◯ Informatik
- ◯ Sport

1. Welche Fächer würdest du beibehalten? Kreuze an.

2. Welche neuen Fächer würdest du in den Lehrplan aufnehmen?

____

____

____

3. Welche Themen würdest du in deine Fächerauswahl integrieren, die dir heute vielleicht in der Schule fehlen? Notiere das Thema und dahinter eine Begründung für die Aufnahme dieses Themas in den Lehrplan sowie das Fach, in das du es integrieren würdest.

____

____

____

4. Fülle den folgenden Stundenplan aus, und trage die gewählten Fächer nach deinen Vorstellungen ein. Denke genau darüber nach, wie viele Wochenstunden du jedem Fach zuteilst.

Mo	Di	Mi	Do	Fr	Sa	So	Zeit

5. Stelle deine Ergebnisse der Klasse und deinem Lehrer vor. Diskutiert gemeinsam über eure Themenvorschläge. Vielleicht lässt sich der eine oder andere heute schon in ein Fach integrieren?

© Verlag an der Ruhr ↗ Postfach 10 22 51 ↗ 45422 Mülheim an der Ruhr ↗ www.verlagruhr.de ↗ ISBN 978-3-8346-0571-9

Erste Hilfe

✔ Fürs Leben lernen

Wissen ist wichtig. Es kann dir zu beruflichen Erfolgen verhelfen, es kann dir aus brenzligen Situationen heraushelfen, es hilft dir täglich dabei, Entscheidungen zu treffen: Wie viel du weißt, spielt meistens eine große Rolle dabei, ob du eine richtige oder eine falsche Entscheidung triffst. Das beste Beispiel dafür, dass Wissen sogar Leben retten kann, ist die „Erste Hilfe“: Stelle dir vor, du bist der Einzige, der dabei ist, wenn ein Mensch in Not gerät. Ob du weißt, was zu tun ist, oder nicht, entscheidet über das Schicksal des anderen. Du musst so schnell wie möglich die richtigen Maßnahmen ergreifen – und in den seltensten Fällen hat man gerade einen Internet-Anschluss zur Verfügung, um sich noch mal zu vergewissern!

1. Notiere weitere Beispiele: In welchen Fällen ist es hilfreich, wenn man möglichst viel weiß? Warum?

a) ______________________________

____

____

b) ______________________________

____

____

c) ______________________________

____

____

2. Überlege dir je ein Beispiel, in dem dein Wissen dich weiter gebracht hat (a), und eines, in dem du etwas nicht gewusst und deshalb ein Problem gehabt hast (b).

a) ______________________________

b) ______________________________

3. Überlege dir nun zwei Dinge, die du gerne wissen möchtest. Überlege dir, wo du etwas darüber lernen könntest (Schulbibliothek, Internet, ein bestimmtes Buch ...), und bis wann. Suche dir dann eine der beiden gewünschten „Lektionen“ aus. Vereinbare mit deinen Mitschülern einen Zeitpunkt, zu dem jeder einen kurzen Vortrag über seine „Lektion“ hält. Dann kannst du recherchieren und deine Ergebnisse festhalten.

	Wo finde ich Informationen?	**Bis wann habe ich mich „schlaugemacht“?**
Lektion 1		
Lektion 2		

Mehr über die Welt erfahren

✔ Fürs Leben lernen

Kennst du das? Manchmal erscheint einem das, was in anderen Ländern passiert, furchtbar weit weg und deshalb auch unwichtig … Aber das ist es nicht. Daraus kann man genauso viel lernen wie aus den Ereignissen im eigenen Land. Schließlich haben die Menschen auf der ganzen Welt oft sehr ähnliche Gründe für ihr Handeln, und auch die Abläufe und Auswirkungen von Ereignissen lassen sich vergleichen.

1. Du hast von deinem Lehrer einen Zeitungsartikel bekommen, in dem von einem Ereignis in einem anderen Land berichtet wird. Du sollst den Artikel lesen, analysieren und kommentieren.

- *Name der Zeitung:*

  ____

- *Ausgabe vom (Datum):*

  ____

- *Schlagzeile:*

  ____

- *Name des Journalisten/Verfassers:*

  ____

- *Von welcher Stadt oder welchem Land handelt der Artikel:*

  ____

- *Zusammenfassung des Inhalts:*

  ____
  ____
  ____
  ____
  ____
  ____
  ____
  ____

- *Was kannst du aus diesem Artikel lernen? Ist dir ein ähnliches Ereignis bekannt, das in Deutschland stattgefunden hat? Vergleiche.*

  ____
  ____
  ____
  ____
  ____

2. Schaue auf einer Landkarte oder im Atlas nach, wo genau das Land/die Stadt liegt. Wo liegt dieses Land im Verhältnis zu Deutschland und zu dem Ort, wo du lebst? Fertige in deinem Heft eine kleine Karte mit Beschriftungen an.

3. Recherchiere im Internet oder einem Lexikon die wichtigsten Eckdaten über das Land, und notiere sie (Größe, Hauptstadt, Einwohnerzahl, Regierung …).

©Verlag an der Ruhr ↗ Postfach 10 22 51 ↗ 45422 Mülheim an der Ruhr ↗ www.verlagruhr.de ↗ ISBN 978-3-8346-0571-9

Meine wichtigste Lektion

✔ Fürs Leben lernen

Suche dir für diese Aufgabe drei Partner. Führt eine Umfrage durch, bei der ihr Personen aus verschiedenen Altersgruppen ein und dieselbe Frage stellt: „Von wem habt ihr eure wichtigste Lektion gelernt? Worum ging es dabei?"

1. Wählt drei verschiedene Altersgruppen aus, aus denen ihr möglichst viele Personen kennt, die euch diese Frage beantworten können, z.B. „Teenager", „Personen zwischen 30 und 50", „Personen über 50" etc. Notiert die drei Gruppen:

a) ______________________________

b) ______________________________

c) ______________________________

2. Sucht aus jeder Altersgruppe fünf Personen, die bei eurer Umfrage mitmachen wollen. Teilt die Arbeit gerecht unter euch auf.

3. Führt eure Umfrage durch. Jeder notiert die Antworten, die er bekommen hat, hier:

	Altersgruppe:	**Lektion:**
Person 1		
Person 2		
Person 3		
Person 4		
Person 5		

4. Tragt nun eure Informationen zusammen. Überlegt, wie ihr eure Ergebnisse am besten präsentieren könnt, z.B. in Form eines Diagramms oder einer Tabelle. Welche Ähnlichkeiten gibt es? In welche Kategorien lassen sich die Antworten einteilen?

5. Präsentiert eure Ergebnisse in der gewählten Form der Klasse, und vergleicht sie mit den Ergebnissen der anderen Gruppen.

6. Zum Abschluss könnt ihr erläutern, welche Lektion ihr persönlich besonders interessant fandet und warum.

Das Fehler-Spiel

✔ Fürs Leben lernen

Durch unsere Fehler erfahren wir mehr über die Welt und unseren Platz in ihr. Wenn wir etwas selbst erleben, dann ist es viel wahrscheinlicher, dass wir uns daran erinnern – und dass wir es nicht wiederholen, falls es sich um einen Fehler handelt! Manche Lektionen sind ganz einfach, so wie ein Kind lernt, dass es eine heiße Herdplatte nicht anfassen soll. Manche Dinge sind komplizierter – und erst die Reaktionen unserer Umgebung zeigen uns, was wir sagen oder tun sollen.
Ihr sollt nun ein Brettspiel anfertigen. Dafür benötigt ihr ein quadratisches Stück Pappe, das ihr bemalen könnt, sowie bunte Stifte. Außerdem benötigt ihr etwas, das ihr als „Männchen“ verwenden könnt, mit dem also jeder Spieler auf den Feldern vorrücken kann (beispielsweise bunte Papierschnipsel), und Kopien eurer im Folgenden angefertigten Fehlerkarten, die ihr zerschneiden könnt.

1. *a) Überlege dir sechs Fehler, die du in der letzten Zeit gemacht hast.*

b) Fertige aus diesen Fehlern „Fehlerkarten“ an. Beschreibe jeden Fehler in der zweiten Person, z.B.: „Du hast vergessen, dass dein Fahrrad platt ist, und den Schulbus fahren lassen.“

2. Bildet nun Gruppen mit mindestens drei Personen. Denkt euch gemeinsam ein Brettspiel mit euren insgesamt mindestens 18 Fehlerkarten aus. Folgendes solltet ihr dabei berücksichtigen:

a) Wenn ein Spieler eine Fehlerkarte zieht, muss er sie den anderen vorlesen und:
- *einen Vorschlag machen, wie er die Fehler-Situation lösen würde, z.B. „Meine Mutter müsste mich zur Schule fahren. Am Nachmittag würde ich sofort mein Fahrrad reparieren.“*
- *eine Lehre formulieren, z.B. „In Zukunft werde ich abends noch einmal prüfen, ob ich am Morgen mit dem Fahrrad zur Schule fahren kann.“*

b) Die anderen Spieler beraten darüber, ob er gut oder schlecht auf den Fehler reagiert hat.
- *Für gute Antworten gibt es „Pluspunkte“.*
- *Für schlechte Antworten oder wenn dem Spieler nichts einfällt, gibt es „Minuspunkte“.*

Überlegt euch, wie diese Plus- und Minuspunkte aussehen könnten/woraus sie bestehen könnten.

3. Testet euer Brettspiel selbst, und gebt es dann einer anderen Gruppe zum Spielen.

4. Hast du bei dieser Aufgabe Fehler gemacht, aus denen du etwas lernen konntest?

©Verlag an der Ruhr ↗ Postfach 10 22 51 ↗ 45422 Mülheim an der Ruhr ↗ www.verlagruhr.de ↗ ISBN 978-3-8346-0571-9

Wissensquellen

✔ Fürs Leben lernen

Indem wir lebenslang lernen, entwickeln wir uns weiter und können auf einem immer größeren Wissensvorrat aufbauen, wenn wir handeln und Entscheidungen treffen. Täglich bieten sich viele Gelegenheiten, um etwas zu lernen – man muss sie nur wahrnehmen! Oft geschieht der Lernprozess ganz unbewusst …

1. Nenne zu jeder unten genannten Möglichkeit ein Beispiel, was du mit ihrer Hilfe Wichtiges oder (Be-)Merkenswertes gelernt hast. Bei manchen wirst du sicher erst einmal nachdenken müssen.

Etwas, das ich gelernt habe …

… aus Medien (z.B. Bücher, Fernsehen etc.):	… indem ich eine eigene Erfahrung gemacht habe:
… indem ich einem anderen etwas beigebracht habe:	… indem mir ein anderer etwas beigebracht hat:

2. Fällt dir noch eine weitere Möglichkeit ein, wie man etwas lernen kann? Nenne auch ein Beispiel dafür, was du durch diese Möglichkeit gelernt hast.

Möglichkeit: ______________________________

Beispiel: ______________________________

____

3. Welches deiner Beispiele war für dich die bedeutendste Lernerfahrung? Warum?

____

____

____

____

____

Gewappnet für die Zukunft

✔ Fürs Leben lernen

„Man lernt nie aus", heißt es. Jeder Schritt, den man in seinem Leben tun will, jedes Ziel, das man sich setzt, bringt viele Lernprozesse mit sich …

1. Was wünschst du dir für deine Zukunft? Notiere, wie deine Wünsche und Träume für die folgenden Bereiche deines zukünftigen Lebens aussehen.

Ausbildung ____________________

____

Beruf/Karriere

____

____

____

____

Reisen

____

____

____

____

Hobbys

____

____

____

____

2. Zeichne nun das folgende Wappen auf ein DIN-A4-Blatt, und fülle es aus, indem du zunächst in jedem Feld deine Wünsche und Träume stichwortartig einträgst und dann notierst, was du wohl tun und lernen musst, um dieses Ziel zu erreichen. Beispielsweise könntest du schreiben:

Der Kritiker

✔ Fürs Leben lernen

Beim Lernen ist es sehr hilfreich, wenn man kritisch denkt, Dinge hinterfragt und sich darüber eine eigene Meinung bildet. Manche Leute machen das sogar beruflich: Sie „kritisieren“ z.B. Bücher, Bilder, CDs, Filme oder Theaterstücke und berichten beispielsweise in Zeitschriften oder im Internet von ihren Eindrücken. Das sollt ihr nun ebenfalls versuchen.

Bildet zwei Gruppen. Innerhalb der Gruppen arbeitet jeder für sich. Am Ende stellt ihr der Klasse eure Ergebnisse vor. Besonders spannend wird es, wenn sich mehrere Schüler das gleiche Werk aussuchen!

Gruppe A: Die Kunstkritiker
Die Kunstkritiker haben den Auftrag, sich in der Schulbibliothek aus einem Bildband mit Gemälden eines auszusuchen. Es kann eines sein, das euch besonders gut gefällt; möglich ist aber auch eines, das euch gar nicht gefällt. Hauptsache, ihr könnt eure Meinung begründen!

Gruppe B: Die Literaturkritiker
Die Literaturkritiker haben die Aufgabe, ein literarisches Werk zu besprechen. Das kann ein Buch sein, das ihr in der Schule gemeinsam gelesen habt, oder ein Gedicht, ein Theaterstück … Auch hier gilt: Das Werk muss euch nicht gefallen, die Hauptsache ist, dass ihr eure Meinung begründen könnt!

Füllt nun die folgenden Felder aus, und tragt eure Ergebnisse der Klasse vor.

Titel des Werkes: ______________________

____

____

Informationen zum Künstler, zur Epoche, zum Zeitpunkt des Entstehens:

____

____

____

____

Kurze Beschreibung des Themas/Inhaltes/ der Aussage:

____

____

____

____

Kurze Beschreibung des Stils/der Machart/ des Aufbaus:

____

____

____

____

Wie findest du das Werk? Begründe deine Meinung.

____

____

____

____

____

©Verlag an der Ruhr ↗ Postfach 102251 ↗ 45422 Mülheim an der Ruhr ↗ www.verlagruhr.de ↗ ISBN 978-3-8346-0571-9

Kuriose Fakten

✔ Spaß am Lernen

Arbeite mit einem Partner zusammen. Sucht euch von den zehn nachfolgenden Fragen die drei aus, die euch am meisten interessieren. Recherchiert im Internet oder in der Schulbibliothek, um sie zu beantworten. Notiert auch, wo ihr eure Antworten gefunden habt. Präsentiert eure Forschungsergebnisse dann der Klasse. Wenn die anderen Gruppen ihre Antworten präsentieren, könnt ihr die notieren, die euch noch fehlen.
Zieht anschließend ein Fazit: Hat euch die Suche nach den Antworten Spaß gemacht? Warum?/ Warum nicht? Gibt es weitere Fragen, auf die ihr gerne Antworten finden würdet? Sammelt sie in der Klasse, und verteilt sie an die verschiedenen Forschergruppen.

a) Was glaubt die Wissenschaft, warum der Löwe eine Mähne hat?	*b) Was war nach Meinung von Wissenschaftlern der kleinste Dinosaurier? Wie sah er aus?*
c) Warum muss man beim Zwiebelschneiden weinen?	*d) Wie und von wem wurde das Puzzlespiel erfunden?*
e) Findet heraus, warum Blau mit Jungen, Rosa hingegen mit Mädchen verbunden wird.	*f) Wie kommunizieren Katzen?*
g) Warum behaupten manche Leute, die erste Mondlandung sei eine Falschmeldung gewesen?	*h) Beschreibt die drei merkwürdigsten Guinness-Weltrekorde, die ihr finden könnt.*
i) Wie ist das Gebiss des Hundes aufgebaut?	*j) Wozu dient der Farbwechsel der Chamäleons hauptsächlich, und wie funktioniert er?*

Welcher Lerntyp bist du? A (1/2)

✔ Spaß am Lernen

Das habt ihr bestimmt auch schon mal festgestellt: Jeder lernt anders. Der folgende Test hilft dir, zu bestimmen, welcher Lerntyp du am ehesten bist (meistens weist man aber Züge verschiedener Typen auf!) Dieses Wissen kann dir helfen, weil du daraus schließen kannst, wie du deinen Lernprozess fördern und möglichst effektiv gestalten kannst.

1. Kreuze die Sätze an, die am besten auf dich zutreffen.

„Menschen-Lerntyp“	☐ Mir gefallen Mannschaftssport und -spiele. ☐ Ich lerne gerne in einer Gruppe.	☐ Ich habe viele gute Freunde. ☐ Ich teile meine Gedanken gerne mit anderen.
„Musik-Lerntyp“	☐ Ich singe gerne. ☐ Ich spiele ein Instrument./ Ich würde gerne ein Instrument spielen.	☐ Ich höre gerne Musik. ☐ Beim Lernen klopfe ich oft rhythmisch mit den Fingern oder Füßen.
„Ich-Lerntyp“	☐ Meine Schularbeiten mache ich am liebsten alleine. ☐ Ich denke viel nach.	☐ Ich habe nur wenige enge Freunde. ☐ In meiner Freizeit führe ich ein Tagebuch.
„Zahlen-Lerntyp“ /„logischer Lerntyp“	☐ Ich will wissen, wie die Dinge funktionieren. ☐ Mir gefallen Brettspiele, wie z.B. Schach.	☐ Mir gefallen Puzzles, und ich löse gerne Rätsel. ☐ Zahlenspiele machen mir Spaß.

© Verlag an der Ruhr ↗ Postfach 10 22 51 ↗ 45422 Mülheim an der Ruhr ↗ www.verlagruhr.de ↗ ISBN 978-3-8346-0571-9

Welcher Lerntyp bist du? A (2/2)

✔ Spaß am Lernen

„Körper-Lerntyp"	☐ Ich treibe gerne Sport und bin aktiv. ☐ Mir gefällt handwerkliches Arbeiten.	☐ Ich fühle und berühre gerne Dinge. ☐ Mitmachen ist mir lieber als Zuschauen.
„Natur-Lerntyp"	☐ Ich kümmere mich gerne um Tiere. ☐ Ich sammle Muscheln oder andere Dinge aus der Natur.	☐ Mir gefällt Gartenarbeit, und ich bin gerne im Freien. ☐ Umweltschutz ist mir sehr wichtig.
„Wörter-Lerntyp"	☐ Ich lese gerne Bücher. ☐ Ich schreibe gerne Geschichten und Gedichte.	☐ Wortspiele und -rätsel machen mir Spaß. ☐ Mit der Rechtschreibung habe ich keine Probleme.
„Bilder-Lerntyp"	☐ Kunst ist mein Lieblingsfach. ☐ Ich kann gut zeichnen.	☐ Ich bastle gerne Modelle. ☐ Mir gefallen Puzzles.

2. Zähle die Kreuze, die du in jedem Abschnitt gemacht hast. Welcher Lernstil hat bzw. welche Lernstile haben die meisten Kreuze?
Ich bin am ehesten dieser Lerntyp:

____

3. Ist das Ergebnis deiner Meinung nach richtig? Oder meinst du, dass du eher einem der anderen Lerntypen entsprichst? Erkläre deine Antwort, führe Beispiele an.

____

____

____

____

Welcher Lerntyp bist du? B (1/2)

✔ Spaß am Lernen

Du hast nun herausgefunden, welchem Lerntyp du am ehesten entsprichst. Hier nun einige Strategien, die dir beim Lernen helfen können.

„Menschen-Lerntyp"

- sich mit anderen abstimmen (in der Gruppe arbeiten, Fragen stellen, sich bestätigen lassen)
- anderen zuhören, wenn sie von Gelerntem berichten/anderen von Gelerntem berichten
- Rollenspiele durchführen
- sich mündlich abfragen lassen/mündlich abfragen; andere unterrichten/von anderen unterrichtet werden
- diskutieren
- eigene Notizen mit denen von Mitschülern vergleichen
- Schreibkonferenzen durchführen

„Musik-Lerntyp"

- Musik hören, die sich auf ein bestimmtes Thema/eine bestimmte Epoche bezieht
- Inhalte summen oder sogar singen; dichten (z.B. ein Gedicht, in dem zu lernendes Vokabular vorkommt, verfassen)
- im Takt lesen und schreiben
- Hörbücher anhören
- Notizen laut vorlesen
- sich beim Lernen zur Musik bewegen; beim Schreiben und Lesen Musik, Lieder oder anderes (z.B. Stimmen und Geräusche aus der Natur) hören
- Klang- und Wortmuster wiederholen; ggf. mit Musik verbinden; Lerninhalte rhythmisieren
- Lerninhalte auf Band sprechen und abhören
- vorlesen/zuhören

„Ich-Lerntyp"

- was die Klasse getan und gelernt hat, schriftlich zusammenfassen; Lern-Tagebuch führen
- Fragen stellen
- nachdenken und reflektieren
- für sich selbst laut lesen; für sich selbst still lesen
- klar strukturierte Umgebung zum Nachdenken einrichten
- mit Materialien arbeiten, die gleich eine Lernkontrolle ermöglichen
- beim Lernen verschiedene Möglichkeiten und Vorgehensweisen ausprobieren
- auf die wichtigsten Aspekte konzentrieren

„Zahlen-Lerntyp"/„logischer Lerntyp"

- Gedanken erst spontan sammeln (Brainstorming), dann systematisch ordnen
- Diagramme erstellen
- Fragelisten zur Strukturierung der Gedanken verwenden
- nach möglichen Vereinfachungen von Lern- und Arbeitsprozessen suchen
- Lerninhalte einteilen
- Zeit einteilen
- Schritt für Schritt vorgehen
- nach Schemata und Mustern suchen; analysieren und kategorisieren
- Schlussfolgerungen ziehen
- Zahlen als Gedächtnisstütze nutzen

Welcher Lerntyp bist du? B (2/2)

✔ Spaß am Lernen

„Körper-Lerntyp“

- praktisch, handelnd arbeiten und lernen
- künstlerische Projekte durchführen
- auf aktive, bewegungsreiche Pausen achten
- auch beim Lernen bewegen, Dinge mit dem Körper ausdrücken
- Rollenspiele
- betont, mit Einsatz von Mimik und Gestik, lesen

„Natur-Lerntyp“

- Lerninhalte mit Gegenständen aus der Natur verknüpfen
- sich in der Natur aufhalten
- sich Experimente ausdenken
- herausfinden, was der Lernstoff mit der Umwelt zu tun hat

„Wörter-Lerntyp“

- Briefe an Freunde, Familienmitglieder usw. schreiben und über Gelerntes berichten
- Notizen machen/wiederholen
- Geschriebenes analysieren
- auf Band sprechen
- mit Arbeitsblättern arbeiten
- Texte überarbeiten
- Informationen lesen, hören
- Projekte durchführen und darüber schreiben

„Bilder-Lerntyp“

- Abbildungen verwenden, um Strukturen und Beziehungen zu verwenden
- Diagramme und Bilder zu Lernstoffen erstellen
- Mind Maps anlegen
- sich Lernstoffe in Bildern vorstellen
- mit verschiedenen Farben arbeiten, in Farben denken
- bei Rollenspielen zuschauen

(Informationen nach: Arnold, Ellen: Jetzt versteh ich das! Bessere Lernerfolge durch Förderung der verschiedenen Lerntypen. Verlag an der Ruhr, 2007. ISBN 978-3-8346-0298-5)

Ein Schulfach „Leben" …

✔ Von anderen lernen

Kennt ihr das auch? Die meisten Leute, die älter sind als ihr, wollen immer alles besser wissen. Überraschung: Manchmal tun sie das wirklich! Immerhin haben sie ja schon einige Jahre mehr auf dieser Welt verbracht und damit auch einige Lektionen mehr gelernt. So hat jeder seine ganz persönlichen „Lebensweisheiten" angehäuft, und so manch einer könnte ein guter Lehrer sein, wenn es ein Schulfach „Leben" gäbe. Hier lassen wir sie zu Wort kommen …

1. Führe ein Interview mit deiner Großmutter, deinem Großvater oder einer älteren Person aus deinem Bekanntenkreis durch. Frage nach drei wichtigen Lektionen, die dein Gesprächspartner in seinem Leben gelernt hat. Notiere nachstehend die Antworten sowie eine kurze Erklärung, wie es zu der Erkenntnis gekommen ist.

Interviewte Person: ______________________________

2. Sammelt nun die Lektionen in der Klasse und diskutiert darüber. Stimmt ihr dem Inhalt zu, oder seid ihr anderer Meinung? Inwiefern könnten sie für junge Leute heute nützlich sein?

3. Sucht die zehn Lektionen heraus, die ihr für die wichtigsten haltet, und versucht ein Sprichwort zu finden, das zum Inhalt der Lektion passt. Wenn euch keines einfällt, könnt ihr selber eines erfinden.

„Lektion"	Sprichwort
1.	
2.	
3.	
4.	
5.	
6.	
7.	
8.	
9.	
10.	

Vorbilder erkennen

✔ Von anderen lernen

Manchmal ist man sich dessen gar nicht bewusst – aber wenn man genau hinschaut, stellt man fest, dass es Menschen um einen herum gibt, von denen man einiges lernen kann. Das kann deine Mutter sein und die Art und Weise, wie sie mit Menschen umgeht. Oder dein älterer Bruder und die Art und Weise, wie er seine beruflichen Ziele verfolgt. Oder dein bester Freund, der sich immer für andere einsetzt. Oder, oder, oder …

1. Schreibe deine Definition von einem guten Vorbild auf.

2. Überlege gut, ob dir in jedem der folgenden Bereiche jemand einfällt, den du für etwas bewunderst und der dir in bestimmter Hinsicht als Vorbild dienen könnte.

	Person	**Eigenschaften/Verhaltensweisen, für die du diese Person bewunderst**
in der Familie		
in der Schule		
im Freundeskreis		
in der Freizeit (Sportverein, Jugendheim …)		

3. Welche dieser Eigenschaften und Verhaltensweisen sind dir besonders wichtig? An welchen möchtest du verstärkt arbeiten, und wie könntest du das tun?

a) ______

b) ______

c) ______

Weitere Aktivitäten für Schüler

Ziel: Erkennen, dass man für das Leben lernt

Der Wert von Wissen

- Geben Sie den Schülern die Aufgabe, in Gruppenarbeit etwas zu konstruieren. Den Anweisungen dazu fehlen aber entscheidende Informationen. Erst nach einer bestimmten Zeit bekommen die Schüler die fehlenden Informationen. Dann sollen sie über den Nutzen der Zusatzinformationen für die erfolgreiche Lösung der Aufgabe diskutieren.
- Fordern Sie die Schüler dazu auf, aus dem Gedächtnis eine Straßenkarte von ihrem täglichen Schulweg anzufertigen und die Hauptstraßen und wichtigsten Örtlichkeiten zu beschriften. (Natürlich muss ein weiterer Weg weniger detailreich sein als ein kurzer.) Wie aufmerksam nehmen die Schüler ihre Umwelt wahr?
- Lassen Sie die Schüler Kleingruppen bilden, in denen innerhalb eines bestimmten Zeitrahmens jeder einem anderen etwas Neues beibringen soll, z.B. Schachspielen, Schmuck basteln … So werden sie den Wert ihres eigenen Wissens besser zu schätzen wissen.
- Diskutieren Sie mit den Schülern über den Sinn von Quizsendungen im Fernsehen und warum viele so erfolgreich sind.

Mehr über die Welt erfahren

- Wenn die Schüler per E-Mail Kontakt mit Schülern in anderen Ländern aufnehmen, werden sie sich durch den persönlichen Kontakt schnell für die Umstände und Ereignisse in diesem Land interessieren. Verteilen Sie hin und wieder Presseartikel, die sich mit Ereignissen in diesem Land befassen und über die die Schüler sich mit ihren Partnern austauschen können.
- Lassen Sie die Schüler Reiseprospekte durchsehen und Länder bzw. Orte aussuchen, die sie gerne einmal besuchen möchten. Sie können auch auf einer Weltkarte ihre persönliche „Weltreisen-Route" erstellen.
- Verschiedene Länder werden kleineren Gruppen zugeteilt. Dazu erhält jede Gruppe eine Liste mit 20 Fragen über ihr Land. Die Schüler recherchieren und fertigen dann Frage- und Antwortkarten für ein Quiz an. Wenn die Gruppen ihre Karten getestet haben, tauschen sie untereinander ihre Karten aus, damit sie auch über die anderen Länder etwas erfahren.
- Kleine „Webquests" können das Interesse der Schüler an der Welt fördern: z.B. können sie anhand internationaler Bevölkerungsstatistiken eine Liste der zehn Länder mit den meisten Einwohnern machen und ihre Liste um einige allgemeine Informationen zu diesen Ländern ergänzen.

Kritisches Denken

- Das kritische Denken der Schüler können Sie fördern, indem sie z.B. Werbung genauer unter die Lupe nehmen. Mit welchen Mitteln versuchen Firmen, ihre Produkte zu verkaufen? Im Rahmen dieser Einheit können Sie die Schüler dazu auffordern, eine Anzeige zu gestalten, die beispielsweise Kindern suggerieren soll, dass Kartoffelchips gut für sie sind, und so das Gelernte zu reflektieren und anzuwenden.
- Kritisches Denken lässt sich auch fördern, indem die Schüler ein historisches Ereignis untersuchen, von dem nicht die ganze Wahrheit bekannt ist und über das es verschiedene Theorien gibt. Sie sollen die Beweise, die für jede Beurteilung dieses Ereignisses vorgebracht werden, genauer analysieren und dann ihre eigene Meinung dazu formulieren.
- Die Schüler sollen ein Märchen oder eine andere bekannte Geschichte lesen und anschließend versuchen, diese Geschichte aus dem Blickwinkel des Bösewichts nachzuerzählen und zu beurteilen. Auf diese Weise hinterfragen sie pauschale Kategorien wie „gut und böse".

Ziel: Spaß am Lernen gewinnen

Interessante Fakten

- Die Schüler können sich in Kleingruppen Themen für eine Wissenssendung für Kinder, beispielsweise die „Sendung mit der Maus", ausdenken und dafür kleine Drehbücher schreiben. Vielleicht können einzelne Beiträge auch umgesetzt und gefilmt werden? Eine Alternative wäre eine Umfrage an einer Grundschule: Was interessiert die Schüler dort?

Die Ergebnisse könnten ausgewertet und in Gruppen Konzepte für Kinder-Sachbücher entwickelt werden.

Lerntypen

- Ihren eigenen Lerntechniken können die Schüler auf die Schliche kommen, indem sie eine bestimmte Lernaufgabe erhalten (z.B., sich die Namen von zehn Flüssen zu merken). Sie arbeiten zu zweit, fragen sich gegenseitig ab und besprechen miteinander, wie sie sich die Informationen merken konnten. Die verschiedenen Lernstrategien können dann der Klasse vorgestellt werden.
- Die Schüler können sich beim Lernen auch unterschiedlichen Arbeitsatmosphären aussetzen, z.B. lauter oder ruhiger Umgebung, am Schreibtisch, auf dem Sofa, in der Wohnung, im Freien ... Welches sind jeweils die Vor- und Nachteile? Unter welchen Bedingungen lernen die jeweiligen Schüler am besten?

Ziel: Von anderen lernen

- Lassen Sie die Schüler innerhalb der Klasse „Patenschaften" eingehen: Jeder hilft einem anderen in etwas, in dem er selbst gut und der andere schwach ist. Das kann ein oder zwei Wochen erprobt werden, dann berichten die Schüler von ihren Erfahrungen.

Ziele entwickeln und erreichen

5

In diesem Kapitel dreht sich alles darum, Grenzen zu überwinden, Ziele für sich zu finden und zu definieren und zu lernen, wie man diese erreichen kann. Das können große Ziele in weiterer Zukunft, aber auch kleine und sehr nahe liegende Ziele sein. Die Schüler setzen sich mit der Zukunft intensiv auseinander, sie lernen, zu planen und schrittweise vorzugehen, und sie üben sich darin, erfolgreich zu kommunizieren, und lernen Kommunikation als Schlüssel zum Erfolg kennen.
Die Arbeitsblätter zum Kommunikationsverhalten lassen sich natürlich auch im Zusammenhang mit dem 2. Kapitel, „Die anderen schätzen und respektieren", einsetzen.

Diskussionsanregungen/Gesprächsanlässe zu den einzelnen Lernzielen

Ziel: Ziele erreichen lernen

Ein Zwischenziel-Planer (S. 83):

- Warum ist es sinnvoll, den Weg zu einem Ziel in kleinere „Portionen" aufzuteilen?
- Wie fühlst du dich, wenn du ein solches Zwischenziel erreicht hast? Inwiefern hilft dir das auch für die folgenden Schritte?

Schritte zum Erfolg (S. 84):

- Welche Ziele hast du?
- Welche Möglichkeiten siehst du, diese Ziele zu erreichen?
- Was heißt es für dich, wenn du deine Ziele nicht erreichst? Welche Konsequenzen ziehst du daraus?

Ich-Botschaften (S. 85)/
Kommunikation – Weg zum Erfolg (S. 86):

- Warum ist es wichtig, gut kommunizieren zu können?
- Aus welchen Elementen besteht eine gute Kommunikation?
- Was können wir ohne Worte ausdrücken?
- Was ist der Vorteil davon, „Ich-Botschaften" zu versenden?
- Welche „Tricks" kennt ihr sonst noch, um eurem Ziel in Gesprächen näher zu kommen?
- Wie gut beherrscht ihr die „Kunst der Diplomatie"? Woran könntet ihr noch arbeiten?
- Welche Ziele habt ihr schon mal durch die richtigen Worte im richtigen Moment erreicht?

Ziel: Vorstellungen von der Zukunft entwickeln

Mein Zukunfts-Ich (S. 87):

- Was ist euch wichtig?
- Was macht ihr gerne?
- Was erwartet ihr von der Zukunft?
- Wie wollt ihr eure Ziele erreichen?

Ein Fernsehinterview (S. 88):

- Erzählt von euch bekannten Menschen, die durch Ausdauer oder Selbstdisziplin etwas erreicht haben.
- Welche Hürden habt ihr auf eurem bisherigen Weg schon genommen? Gibt es auch welche, die ihr nicht überwinden konntet; musstet ihr beispielsweise eine Sportart wegen gesundheitlicher Probleme einstellen?

Ziel: Planen und einteilen lernen

24 Stunden hat der Tag (S. 89):

- Was **müsst** ihr jeden Tag machen?
- Was **macht** ihr jeden Tag **gerne**?
- Wie gut bekommt ihr es hin, einen Ausgleich dazwischen zu finden?

Das Camping-Budget (S. 90)/Kassensturz (S. 91):

- Habt ihr euer eigenes Geld zum Ausgeben? Wenn ja, woher bekommt ihr es? Müsst ihr dafür zu Hause mithelfen?
- Wofür gebt ihr euer Geld aus?
- Spart ihr Geld für bestimmte Dinge?
- Was glaubt ihr: Welchen Prozentsatz seines Geldes sollte man für spätere Zeiten beiseitelegen?

Ein Zwischenziel-Planer

✔ Meine Ziele erreichen

Kleinere Zwischenziele können dir dabei helfen, Ziele zu erreichen, die zunächst mal in weiter Ferne scheinen … Hier kannst du am Beispiel deiner Schulfächer üben, Zwischenziele zu setzen. Das lässt sich auch auf andere Lebensbereiche übertragen!

1. Überlege dir, welche Bereiche du in den unten stehenden Fächern trainieren musst bzw. wo du noch Schwächen hast. Welches Ziel möchtest du langfristig erreichen? Welches Zwischenziel kannst du setzen, um deinem Ziel näher zu kommen? Ein Beispiel findest du in der Tabelle. Achte darauf, dass deine Ziele realistisch sind, und überlege, wie du sie am besten erreichen kannst (z.B., indem du jemanden bittest, dir zu helfen).

Bereich	Zwischenziel	Termin	Langfristiges Ziel	Termin
Mathe	Addieren und subtrahieren wiederholen und üben	Ende des Schulhalbjahres	Die Grundrechenarten besser beherrschen	Ende des Schuljahres
Deutsch				
Fremdsprachen				
Sport				

2. Deinen Plan kannst du nun so platzieren, dass du ihn jederzeit einsehen kannst, z.B. zu Hause über deinem Schreibtisch. Behalte deine Ziele im Auge, und prüfe zum entsprechenden Zeitpunkt, ob du sie erreicht hast. Dein Lehrer kann dir dabei helfen.

3. Überlege dir Beispiele für Ziele und Zwischenziele, die du in anderen Lebensbereichen erreichen möchtest.

Schritte zum Erfolg

✔ Meine Ziele erreichen

Das, was dir wichtig ist, wirst du leichter erreichen, wenn du es dir zum festen Ziel machst und dir Gedanken darüber machst, wie du es erreichen kannst. Das sollst du auf diesem Arbeitsblatt an einem Beispiel üben.

1. Für welchen Bereich willst du dir ein Ziel setzen?

- ◯ *Hobby*
- ◯ *Schule*
- ◯ *persönliches Ziel (z.B. eine schlechte Gewohnheit ablegen)*
- ◯ *anderer Bereich:* ____________

2. Mein Ziel lautet: ____________

____

3. Dieses Ziel ist mir wichtig, weil

____

____

4. Die notwendigen Schritte, um dieses Ziel zu erreichen, sind:

- ____________
- ____________
- ____________
- ____________
- ____________
- ____________

5. Folgende Schwierigkeiten werde ich möglicherweise überwinden müssen:

____

____

____

____

____

____

____

6. Um mein Ziel zu erreichen, werde ich schätzungsweise ___ Tage/Wochen/Monate brauchen.

7. Wie werde ich mich fühlen, wenn ich mein Ziel erreicht habe?

____

____

____

____

8. Bewahre dieses Arbeitsblatt gut auf, und behalte deine Termine im Auge. Du kannst die einzelnen Schritte in Frage 4 abhaken, wenn du sie erledigt hast. Beantworte nach Erreichen deines Zieles folgende Fragen:

- *Wann hast du dein Ziel erreicht?*

  ____

  ____

- *Wie realistisch hast du geplant?*

  ____

  ____

- *Was kannst du daraus für zukünftige Ziele lernen?*

  ____

  ____

  ____

Ich-Botschaften

✔ Meine Ziele erreichen

Wenn man sich über jemanden so richtig ärgert, vergreift man sich schnell mal im Ton. Aber indem man den falschen Tonfall wählt, rückt das Ziel, nämlich den Verursacher des Ärgers dazu zu bewegen, sein Verhalten zu ändern, schnell in unerreichbare Ferne … Wer sich dessen bewusst ist und die richtigen Formulierungen wählt, wird den Konflikt dagegen meist schnell aus der Welt schaffen können. „Ich-Botschaften" bringen euch privat wie später auch im beruflichen Bereich weiter als vorschnelle und emotionale Reaktionen auf die Dinge, die euch ärgern. „Ich-Botschaften" greifen den anderen nicht an und verletzen ihn nicht. Mit ihnen erzählt ihr von euch und euren Gefühlen – und macht es dem anderen einfacher, sich in euch hineinzuversetzen und euch zu verstehen.

Sie bestehen aus drei Teilen:

- ***1. Teil: Der erste Teil beschreibt das Verhalten, die Tatsache oder die Beobachtung, die euch stört, ohne sie zu bewerten oder zu interpretieren.***
- ***2. Teil: Im zweiten Teil sagt ihr ganz ehrlich, was ihr empfindet.***
- ***3. Teil: Der dritte Teil liefert einen Hinweis darauf, welche Auswirkungen das Verhalten auf euch oder auf die Gemeinschaft hat.***

***Ein Beispiel für eine solche Ich-Botschaft wäre:
„(1) Ich habe jetzt zum dritten Mal hintereinander die Wohnung geputzt.
(2) Ich fühle mich ein bisschen ausgenutzt.
(3) Ich habe den dritten Samstag in Folge keine Zeit für etwas anderes gehabt."***

1. Was glaubst du: Warum kommt man seinem Ziel im Konflikt-Fall mit Ich-Botschaften näher?

2. Überlege dir zwei Konflikt-Fälle, die du in der Vergangenheit selber erlebt oder mitbekommen hast. Notiere sie hier:

a) Konflikt: ______

Interessen und Gefühle Person A:

______

______

Interessen und Gefühle Person B:

______

______

Ausgang des Konflikts:

______

______

______

______

b) Konflikt: ______

Interessen und Gefühle Person A:

______

______

Interessen und Gefühle Person B:

______

______

Ausgang des Konflikts:

______

______

______

______

3. Überlege dir, wer in diesem Fall derjenige war, der verletzt war und sich durch etwas gestört fühlte (das können auch beide Personen gewesen sein). Formuliere dann Ich-Botschaften aus der Sicht dieser Person.

Kommunikation – Weg zum Erfolg

✔ Meine Ziele erreichen

„Kommunikation ist der Schlüssel zum Erfolg", sagen viele. Ist Kommunikation wirklich so wichtig? Und wenn ja – warum eigentlich?

A) Sven hat eine Ausbildung zum Gärtner gemacht und möchte unbedingt im städtischen Schlosspark arbeiten. Dort wird eigentlich jemand mit Berufserfahrung gewünscht, aber Sven wird dennoch zum Vorstellungsgespräch eingeladen. Jetzt muss er seinen zukünftigen Arbeitgeber überzeugen, dass er der richtige für den Job ist.

B) Lisa arbeitet als Verkäuferin. Sie tut das gerne und ist eine gute Kraft. Im Moment sind die Umsätze des Ladens, in dem sie arbeitet, trotzdem nicht besonders hoch, weil die Leute sparen müssen. Ihr Chef, der tagsüber selbst nicht im Laden ist, kritisiert sie und verlangt von ihr, dass der Umsatz steigt. Lisa muss ihm klarmachen, dass sie ihr Möglichstes tut und die Entwicklung der Umsätze zur Zeit nicht in ihrer Hand liegt.

C) Leo und Benni haben gleichzeitig angefangen, in einem Unternehmen zu arbeiten. Sie sitzen im gleichen Büro und verstehen sich eigentlich gut. Viele Aufgaben sollen sie im Team erledigen. Bei diesen Arbeiten im Team fühlt Leo sich aber ausgenutzt, weil Benni wenig dazu beiträgt, aber bei der Präsentation der Ergebnisse immer so auftritt, als wären sie „auf seinem Mist gewachsen". Leo glaubt nicht, dass Benni das absichtlich tut, und er will das Verhältnis zu ihm nicht gefährden. Trotzdem will er ihm sagen, was ihn stört.

1. Bildet drei Gruppen **A**, **B** und **C**. Bildet dann innerhalb eurer Gruppen Paare, die ein Rollenspiel zu der jeweiligen Situation vorbereiten. Überlegt euch dafür genau, wie jeweils beide am Dialog Beteiligten denken, welche Motive sie haben, was sie erreichen möchten und wie sie argumentieren können. Mehrere Paare spielen anschließend die gleiche Situation der Klasse vor. Achtet dabei nicht nur auf eure Sprache, sondern auch auf Gestik und Mimik. Die Klasse als Publikum beobachtet die einzelnen Gruppen und entscheidet zum Schluss, wer als Sven, Lisa oder Leo seine Rolle am besten gemeistert hat und seinen Zielen am nächsten gekommen ist. Die Klasse kann auch Verbesserungsvorschläge liefern.

2. Überlegt euch weitere Situationen, in denen die Fähigkeit, zu kommunizieren, darüber entscheidet, ob ihr erfolgreich seid oder nicht. Sammelt in der Klasse.

____

____

____

____

____

____

____

____

Mein Zukunfts-Ich

✔ Vorstellungen von der Zukunft entwickeln

Schließe deine Augen, und mache eine kleine Zeitreise. Stelle dir vor, wie du mit 35 sein wirst. Wie lebst du? Was tust du beruflich? Wie verbringst du deine Freizeit, wo verbringst du deine Urlaube …? Stelle dir die Person vor, die du werden möchtest!

1. Nun braucht ihr eine Tapetenbahn. Zunächst arbeitet ihr mit einem Partner: Jeder legt sich auf ein Stück der Tapetenbahn. Der Partner zeichnet dann mit einem dünnen Filzstift die Umrisse nach. Wenn er fertig ist, kannst du deinem Umriss Kleidung, Frisur und ein Gesicht zeichnen und ihn dann ausschneiden.

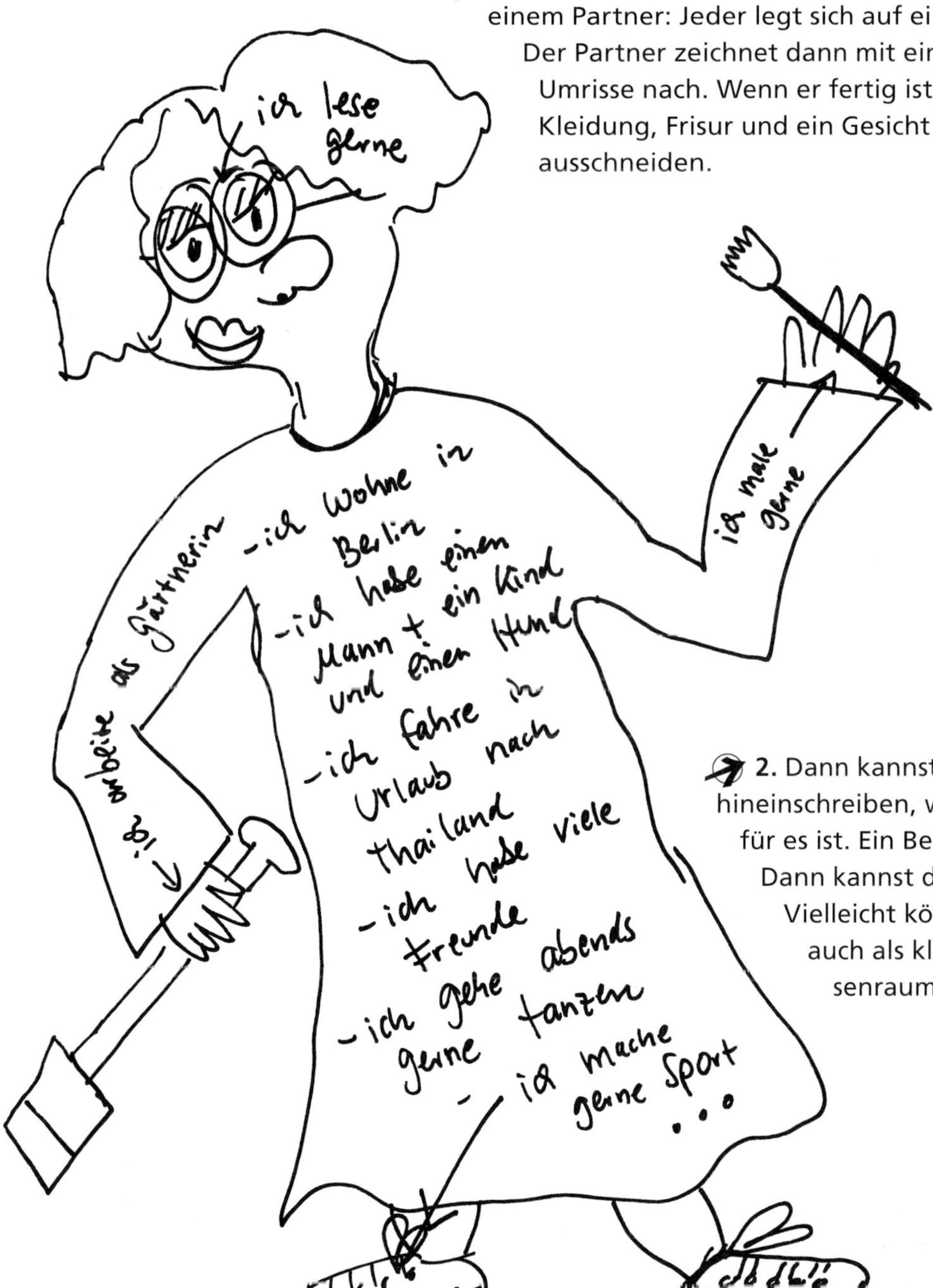

2. Dann kannst du in dein „Zukunfts-Ich" hineinschreiben, wie es lebt und was typisch für es ist. Ein Beispiel findest du links. Dann kannst du es der Klasse vorstellen. Vielleicht könnt ihr eure Zeichnungen auch als kleine Erinnerung im Klassenraum aufhängen!

© Verlag an der Ruhr ↗ Postfach 102251 ↗ 45422 Mülheim an der Ruhr ↗ www.verlagruhr.de ↗ ISBN 978-3-8346-0571-9

Ein Fernsehinterview

✔ Vorstellungen von der Zukunft entwickeln

Stelle dir vor, du bist erwachsen und hast dein größtes Ziel erreicht. Dieses Ziel kann beruflich oder privat sein, ganz wie du möchtest. Nun bittet dich ein Fernsehsender, für seine Sendung „Erfolge" ein Interview über deinen Werdegang zu geben. Denke daran: Selten ist der Weg, den man nimmt, vollkommen gerade! Überlege, welche Probleme es beim Erreichen deines Zieles gegeben haben könnte und ob du deinen Weg vielleicht einmal verlassen hast!

1. Mein größtes Ziel:

Mein Werdegang:

2. Notiere fünf Fragen, die der Moderator dir zu deinem Werdegang stellen könnte. Notiere auch deine Antworten.

Frage 1:

Antwort:

Frage 2:

Antwort:

Frage 3:

Antwort:

Frage 4:

Antwort:

Frage 5:

Antwort:

3. Arbeite mit einem Partner zusammen. Führt der Klasse eure Interviews als Rollenspiel vor. Ihr könnt auch Requisiten und Verkleidung verwenden.
Die Klasse kann als Publikum anschließend ebenfalls Fragen stellen.

24 Stunden hat der Tag

✔ Planen und einteilen lernen

„Zeitmanagement" – das ist eine Sache, die man in der Schule, im Beruf und privat beherrschen sollte, um seine Tage möglichst effektiv zu gestalten. Was glaubst du – wie gut bist du darin, deine Zeit einzuteilen? Verbringst du vielleicht zu viel davon vor dem Fernseher oder vorm Computer? Oder hast du das Gefühl, dass du immer so beschäftigt bist, dass du nie Zeit dazu hast, dich zu entspannen? Zwischen diesen beiden Extremen bewegen sich alle Menschen … Das Ideal, nämlich ein ausgeglichener Lebensstil, liegt irgendwo in der Mitte.

1. Trage eine Woche lang täglich ein, wie viel Zeit du mit den Dingen verbringst, die in der folgenden Tabelle aufgelistet sind. Sei dabei ganz ehrlich. In der letzten Spalte kannst du vermerken, wie viel Zeit du mehr oder weniger mit der entsprechenden Aktivität verbringen möchtest.

Aktivität	Mo	Di	Mi	Do	Fr	Sa	So	insges.	Ziel
Schlafen									
Essen									
Schule									
Hausaufgaben									
Sport									
Entspannen									
zu Hause helfen									
Fernsehen/PC									

2. Vergleiche deine Ergebnisse mit denen deiner Klassenkameraden. Wie schätzt du anhand deiner Tabelle dein „Zeitmanagement" ein?

____

____

4. Sieh dir nun die letzte Spalte deiner Tabelle an. Hinsichtlich welcher Aktivitäten möchtest du dein „Zeitmanagement" verbessern? Wie kannst du das erreichen? Ein Beispiel findest du in der Tabelle.

Aktivität	Schritte für ein besseres Zeitmanagement
Schlafen	*Manchmal schaue ich noch die halbe Nacht fern. Ich will in Zukunft versuchen, unter der Woche spätestens um zehn den Fernseher abzuschalten und ins Bett zu gehen.*

©Verlag an der Ruhr ↗ Postfach 102251 ↗ 45422 Mülheim an der Ruhr ↗ www.verlagruhr.de ↗ ISBN 978-3-8346-0571-9

Das Camping-Budget

✔ Planen und einteilen lernen

Arbeite mit vier oder fünf Partnern zusammen. Stellt euch vor, ihr geht für zwei Tage campen. Ihr habt alles beisammen – bis auf die nötigen Lebensmittel und Getränke, denn in der Nähe des Campingplatzes gibt es keine Geschäfte. Eurer Gruppe stehen dafür 90 Euro zur Verfügung. Ihr solltet darauf achten, verschiedene Lebensmittel zu kaufen, damit ihr so gesund und abwechslungsreich wie möglich essen könnt. Denkt also auch an Obst und Gemüse! Für die Zubereitung des Essens stehen euch ein Grill mit Zubehör sowie ein Lagerfeuer zur Verfügung.

1. Überlegt euch, was eure Gruppe an jedem der beiden Tage essen wird. Jeder sollte mit den Vorschlägen einverstanden sein.

	1. Tag	2. Tag
Frühstück		
zwischendurch		
Mittagessen		
zwischendurch		
Abendessen		
Getränke		

2. Fertigt auf einem eigenen Blatt Papier anhand eures Speiseplans eine Einkaufsliste an, bei der ihr auch die Mengen und die Preise ergänzt. In Werbeaussendungen von Supermärkten oder im Internet könnt ihr euch über gängige Preise informieren. Ihr könnt aber auch in den nächsten Lebensmittelmarkt gehen, um die Preise der einzelnen Lebensmittel herauszufinden.

3. Addiert die Preise: Reicht das Geld für eure Einkaufsliste? Besprecht in der Gruppe, ob ihr am Speiseplan etwas ändern müsst/ob es zu einzelnen Waren günstigere Alternativen gibt. Vielleicht habt ihr aber sogar Geld übrig? Was würdet ihr dafür besorgen? Notiert eure Änderungen:

4. Wie schwierig fandest du es, einen Speiseplan zu entwickeln, mit dem alle zufrieden waren, und das Geld einzuteilen? Gibt es etwas, das du beim nächsten Mal anders machen würdest?

Kassensturz

✔ Planen und einteilen lernen

Wie gut kommst du mit deinem Geld aus? Stehst du am Monatsende mit Schulden da? Oder kannst du für gewöhnlich etwas zur Seite legen? Führe einen Monat lang ein Geld-Tagebuch, um das zu überprüfen! Halte genau fest, wie viel Geld du wofür bekommen hast (Taschengeld, Nebenjob …) und wie viel du wofür ausgegeben hast (Süßigkeiten, Zeitschriften …). Lasse gesonderte Posten, wie z.B. Geld, das du zum Geburtstag geschenkt bekommst, außen vor. Welches Plus oder Minus steht da am Monatsende?

	„Einkünfte"	Ausgaben	Plus/Minus
Woche 1			
Woche 2			
Woche 3			
Woche 4			
gesamt			

Was hat der „Kassensturz" ergeben? Gehst du mit deinem Geld sorgfältig um? Oder könntest du noch mehr sparen? Überlege,

- *wie viel du gerne monatlich sparen würdest,*
- *auf welche Ausgaben du hättest verzichten können, falls du diesen Betrag nicht auf die Seite legen konntest,*
- *welche Möglichkeiten du hättest, zusätzlich Geld zu verdienen, falls du diesen Betrag nicht auf die Seite legen konntest.*

Weitere Aktivitäten für Schüler

Ziel: Ziele erreichen lernen

- Die Schüler können ältere Familienangehörige, Lehrer etc. dazu befragen, welche Ziele sich diese gesetzt haben und wie sie ihre Ziele erreicht haben. Einige Ergebnisse können in der Klasse vorgestellt werden.
- Im Unterricht können die Schüler einen laminierten, wiederverwendbaren Planer zum Thema „Wie erreiche ich mein Ziel?" entwerfen, den sie dann für ihre jeweiligen Ziele ausfüllen können. Der Planer sollte auf ansprechende Weise illustrieren, dass einzelne Schritte nötig sind, um ein Ziel zu erreichen (z.B. durch eine Autobahn, die in eine Stadt führt, Steine, die durch einen Fluss an das andere Ufer führen ...).
- Jeder Schüler kann sich ein Beispiel für ein Ziel überlegen, das er nicht erreicht hat, und über die Gründe für das „Scheitern" nachdenken. So kann er seine Schlüsse für das nächste Mal ziehen. Anschließend kann sich die Klasse über die nicht erreichten Ziele austauschen.
- Wann haben die Schüler umgekehrt schon einmal Ausdauer und Selbstdisziplin beim Erreichen eines Zieles gezeigt? Woher hatten sie die Energie?
- Lassen Sie die Schüler Buch über ihre Ziele und darüber führen, wann sie auf einem guten Wege und wann sie nahe daran sind, bei einem bestimmten Ziel aufzugeben. Jedes Mal, wenn sie etwas unternehmen, um ihr Ziel zu erreichen, können sie beispielsweise einen Kieselstein in eine Schachtel legen. Immer, wenn sie aufgeben wollen oder selbst feststellen, dass sie sich nicht richtig bemühen, nehmen sie einen Stein heraus. Sind immer einige Steine in der Schachtel? Wenn nicht – warum nicht? Woran hapert es?
- Gemeinsam können die Schüler eine Art „Leiterspiel" entwerfen, das Selbstdisziplin und Ausdauer spielerisch thematisiert. Beispielsweise kann ein Spieler zurückfallen, wenn er auf das Spezialfeld „Mal wieder vorm PC hängen geblieben, anstatt für die Schulaufgabe zu lernen ..." kommt; dagegen einige Schritte vorwärts kommen, wenn er das Feld „Super! Total hart fürs nächste Fußballspiel trainiert ... " kommt.
- Lassen Sie die Schüler auf einem DIN-A3-Blatt festhalten, was sie in einem, fünf und zehn Jahren erreicht haben wollen. Wenn sie möchten, können sie diesen Planer zu Hause an einer gut sichtbaren Stelle aufhängen. Natürlich sollte stets verdeutlicht werden, dass Ziele und Wünsche sich ändern und ein Nicht-Erreichen keinesfalls ein Scheitern sein muss, immer aber Anlass zum Lernen sein kann.
- Das „Fernsehinterview" (S. 88) funktioniert auch anders herum: Die Schüler arbeiten zu zweit. Sie suchen sich eine erfolgreiche und bekannte Persönlichkeit aus (einen Sportler, Schriftsteller, Sänger etc.). Nun gilt es, ein Interview zum Thema „Erfolge" mit diesem Star zu entwickeln. Dazu bedarf es einiger Recherche. Aus dem Gespräch sollte klar werden, wie die Persönlichkeit zu ihren Zielen kam und wie sie sie erreicht hat. Das Interview wird am Ende als Rollenspiel der Klasse vorgeführt.
- Indem die Schüler sich selbst eine komplexere Aufgabe, z.B. eine Projektarbeit, stellen, lernen sie, ihren Zielen Schritt für Schritt näher zu kommen. Sie sollen sich genau überlegen, wie sie ihre Zeit einteilen und das Nötige organisieren können, und sich bemühen, sich an den Plan zu halten und ihre Arbeit konsequent zu Ende zu führen.
- Kommunikationsvermögen ist essenziell, wenn man seine Ziele erreichen möchte! In verschiedenen Rollenspielen können die Schüler Wortwahl, Gestik, Mimik sowie gutes Zuhören trainieren.
- Im Plenum können die Schüler nach derlei Übungen ein Poster mit Tipps für ein gelungenes Kommunikationsverhalten erstellen, das dann für alle gut sichtbar aufgehängt wird.

Ziel: Vorstellungen von der Zukunft entwickeln

- Auf einem Poster können die Schüler eine Skizze ihres künftigen Lebens entwerfen: Wo leben sie? Wie leben sie? Wie sieht ihr Haus aus, wie ihre Umgebung? Wo arbeiten sie? ... Wie stellen sie sich den Alltag an ihrem Arbeitsort vor?

Ziel: Planen und einteilen lernen

Zeitmanagement

- Ein Tortendiagramm darüber, wie sie ihre Zeit an einem bestimmten Tag oder über eine ganze Woche hinweg nutzen, wird den Schülern mehr Klarheit darüber verschaffen, wie effektiv sie mit ihrer Zeit umgehen.
- Auch eine Liste mit zwei Spalten kann helfen: „Was ich tun muss" und „Was ich tun will". Diese Liste kann für einen Wochentag, eine Woche ... angefertigt werden. Die Schüler sollen Schwerpunkte setzen, indem sie die einzelnen Einträge ihrer Liste durchnummerieren, nach Priorität die einzelnen Punkte angehen und am Ende prüfen, was sie bewältigt haben.
- Das Arbeitsblatt „24 Stunden hat der Tag" funktioniert auch anders herum: Die Schüler können für jede Woche im Vorfeld eine Art Stundenplan mit den Dingen anfertigen, die sie tun müssen und wollen, und festhalten, wie viel Zeit sie für jeden einzelnen Punkt benötigen. Dann können sie prüfen, wie realistisch der Plan war, und von Woche zu Woche einen realistischeren Plan aufstellen.

Mit Geld haushalten

- Wofür würden die Schüler gerne sparen? Lassen Sie sie einen Budget-Plan erstellen und für jede Woche festlegen, wie viel Geld sie ausgeben und wie viel sie sparen wollen. Falls von dem vorgesehenen Betrag für Ausgaben am Ende der Woche etwas übrig ist, legen sie es zum Spargeld dazu. Wenn sie aber mehr Geld als geplant ausgeben, müssen sie in den folgenden Wochen weniger ausgeben, bis die Differenz wieder ausgeglichen ist.

In der Gemeinschaft leben 6

Der Begriff „Gemeinschaft" bezieht sich auf sehr unterschiedliche Gruppen – vom engen Familien- und Freundeskreis über die Nachbarschaft am Wohnort bis hin zur Gemeinschaft der Völker in aller Welt. Alle Mitglieder einer Gemeinschaft müssen ihren Beitrag leisten, wenn sie harmonisch miteinander leben möchten – und um das, was man beitragen kann, geht es in diesem Kapitel. Dabei gibt es in gewisser Hinsicht Überschneidungen mit den Inhalten des 2. Kapitels, „Andere schätzen, andere respektieren", jedoch liegen die Schwerpunkte unterschiedlich: Während es im 2. Kapitel vornehmlich darum geht, mit den Menschen, die einen umgeben, so gut wie möglich auszukommen und Respekt vor seinen Mitmenschen zu entwickeln, soll dieses Kapitel die Gemeinschaft als System, in dem sehr unterschiedliche Mitglieder aufeinander angewiesen sind, in den Vordergrund stellen.

Diskussionsanregungen/Gesprächsanlässe zu den einzelnen Lernzielen

Ziel: Pflicht und Verantwortung verstehen und tragen lernen

Ein Fragebogen (S. 97):
- Was bedeutet das eigentlich, „verantwortungsvolles Verhalten"?
- Kennt ihr Menschen, die besonders viel Verantwortung tragen? Wie gehen sie damit um?
- Was sind eure wichtigsten Pflichten?
- Wie denkt ihr über eure Pflichten?

Foffie und Manuya (S. 98):
- Was hat die Geschichte von Foffie und Manuya mit den Schlagwörtern Pflicht und Verantwortung zu tun?
- Was könnt ihr daraus lernen?

Ziel: Regeln verstehen und respektieren

Autoritätspersonen (S. 99):
- Warum sollten wir Autoritäten respektieren? Wo sind die Grenzen?
- Welche Rechte und welche Pflichten haben Autoritätspersonen?
- Welche Rolle spielen Autoritätspersonen innerhalb einer Gemeinschaft?

Wegweiser (S. 100):
- Was haltet ihr allgemein von Regeln?
- Habt ihr selbst schon mal Regeln aufgestellt, z.B. gegenüber euren Eltern oder Geschwistern?
- Habt ihr selbst schon mal „am eigenen Leib" erfahren, dass Regeln auch sinnvoll sein können?

Regeln in der Schule (S. 101):
- Was haltet ihr von euren Schul- bzw. Klassenregeln?
- Diskutiert über Situationen, bei denen ihr eine Schulregel verletzt habt und erwischt worden seid.
- „Da die Schüler diejenigen sind, die sich an die Schulregeln halten müssen, sollten sie sie auch selbst entwerfen." Was meint ihr dazu?

Ziel: Grundwerte verstehen und leben

Ehrlichkeit und Wahrheitsliebe (S. 102):

- Wo geht „Lüge" für euch los?
- Welche künftigen Probleme können sich ergeben, wenn man einmal eine „Leiche im Keller" hat?
- Kann es Situationen geben, in denen Lügen gerechtfertigt sind?

Integrität beweisen (S. 103):

- „Man soll immer aufrichtig und ehrlich sein, koste es, was es wolle." Diskutiert über diese Aussage.
- Welche Faktoren können dazu führen, dass man wider besseres Wissen handelt?
- Nennt Persönlichkeiten, die als Beispiele für aufrichtiges, integeres Verhalten dienen können. Begründet eure Wahl.
- Nennt Persönlichkeiten, die sich nicht integer verhalten. Begründet eure Wahl.

Der Kampf um Gerechtigkeit (S. 104):

- Was bedeutet „Gerechtigkeit"?
- Was ist das Gegenteil von Gerechtigkeit? Nennt Beispiele.
- Warum ist es wichtig, dass jeder fair behandelt wird?

In Frieden leben (S. 105)/
Der Friedensnobelpreis (S. 106):

- Was stellt ihr euch vor, wenn ihr an Frieden denkt? Was versteht ihr unter einem „friedlichen" Leben?
- Als wie „friedlich" empfindet ihr eure Klasse/ eure Schule? Was könntet ihr tun, um ggf. das Klima zu verbessern?
- Wie/Warum entstehen Kriege?
- „Frieden ist ein unerreichbares Ideal." Diskutiert darüber.

Ziel: Sich in der Gemeinschaft einsetzen

Hilfe fürs Seniorenheim (S. 107):

- Wart ihr schon mal in einem Seniorenheim? Welchen Eindruck hattet ihr? Sind euch Dinge aufgefallen, die man verbessern könnte?
- Wie funktioniert eigentlich eine „Gemeinschaft"?
- Was gibt euch die Gemeinde, in der ihr lebt?
- Fühlt ihr euch gegenüber eurer Gemeinde verantwortlich?
- Wer von euch macht sich wie in der Gemeinde nützlich?
- Welche Möglichkeiten gäbe es noch für Jugendliche?

Bürgerinitiativen (S. 108):

- „Bürgerinitiativen sind basisdemokratisch." Warum?
- Wie wichtig findet ihr es, dass es Bürgerinitiativen gibt?

Hilfsorganisationen 1 und 2 (S. 109/110):

- Warum engagieren sich Menschen ehrenamtlich?
- In welchen Hilfsorganisationen könntet ihr euch eine Mitarbeit vorstellen? Warum?
- Kennt ihr Menschen, die sich ehrenamtlich engagieren? Was genau tun sie?

Der Tag der roten Nasen (S. 111):

- Wie findet ihr die Idee, in einer Fernsehshow Spenden zu sammeln?
- Was könntet ihr euch über euren „Spendentag" hinaus vorstellen, um die Aufmerksamkeit der Menschen für Hilfsprojekte zu erregen?

Ein Fragebogen

✔ Pflicht und Verantwortung

Fülle den folgenden Fragebogen aus. Vergleiche deine Antworten mit denen anderer Schüler aus deiner Klasse. Diskutiert über eure Ergebnisse.

1. Versuche, „Pflicht" und „Verantwortung" zu definieren. Beziehe dabei mit ein, welche Rolle sie deiner Meinung nach in einer Gemeinschaft (der Familie, der Schulklasse ...) spielen.

Pflicht	**Verantwortung**

2. Welche Pflichten/welche Verantwortung hast du in den folgenden Bereichen?

Schule/Klasse: ______________________

____

Zu Hause/Familie: ______________________

____

Andere Bereiche: ______________________

____

3. Wähle zwei deiner wichtigsten Pflichten/Verantwortungen, und erläutere, wie wichtig (oder unwichtig) du es findest, dass ihnen nachgekommen wird. Begründe.

a) ______________________

____

b) ______________________

____

4. Wie viele Pflichten hast du?

◯ *zu viele* ◯ *genau richtig*

◯ *könnte noch mehr sein*

5. Welche Folgen hat es, wenn du deine Pflichten nicht erfüllst?

____

____

6. Nenne ein Beispiel für eine Situation, in der du nicht pflichtbewusst/verantwortungsvoll gehandelt hast. Was hast du dabei/danach empfunden?

____

____

____

7. Nenne nun ein Beispiel für eine Situation, in der du pflichtbewusst/verantwortungsvoll gehandelt hast. Was hast du dabei/danach empfunden?

____

____

8. Nimm Stellung: Ich finde es wichtig, dass in einer Gemeinschaft jeder Pflichten hat und Verantwortung trägt.

◯ *Ja* ◯ *Nein*

Begründung:

____

____

____

Foffie und Manuya

✔ Pflicht und Verantwortung

Foffie ist 18. Zusammen mit seinen jüngeren Schwestern Manuya (16) und Manuatta (4) musste er vom afrikanischen Liberia in das benachbarte Sierra Leone fliehen, denn in seinem Heimatland herrschte Bürgerkrieg. Jetzt leben die drei in einem Flüchtlingslager. Ihre Eltern haben sie im Krieg verloren.
Als sie noch lebten, führten Foffie und seine Schwestern ein ganz normales Leben: Die Eltern sorgten für alles, die Kinder gingen zur Schule und sahen nachmittags fern oder trafen sich mit ihren Freunden. Sie sind gerne zur Schule gegangen. Jetzt sieht ihr Alltag ganz anders aus. Zwar geht Manuya wieder zur Schule, aber sie ist wegen der Versäumnisse erst in der fünften Klasse. Ihre Mitschüler ärgern sie, weil sie im Flüchtlingslager lebt, selbst die Lehrer diskriminieren sie. Auch Foffie geht zur Schule: Er möchte das Ziel erreichen, das sein Vater für ihn erträumt hat, nämlich später einmal als Arzt arbeiten. Manuya möchte später einmal Hebamme werden. Aber die Wünsche der Geschwister werden vielleicht nur Träume bleiben. Der Alltag macht es ihnen immer schwieriger, ihre Schulbildung weiter zu verfolgen: Foffie muss dafür sorgen, dass das Geld zum Leben reicht, dass er die Schulgebühren und -uniformen bezahlen kann. Im Wald sammelt er Feuerholz und verkauft es auf dem örtlichen Markt. Seine Schwester Manuya führt den Haushalt und kümmert sich um die Jüngste. Sie holt Wasser, wäscht, kümmert sich um den Gemüsegarten. Früher hatte sie viele schöne Kleider und liebte Schuhe – heute ist sie froh, wenn Hilfsorganisationen alte Kleidung vorbeibringen.

(Informationen nach: www.unhcr.at/fileadmin/unhcr_data/pdfs/lehrhefte/Lehrerheft_Fluechtlinge_Afrika_-_Foffie.pdf)

1. Welche Pflichten haben Foffie und Manuya? Welche Verantwortung tragen sie?

2. Warum ist den Geschwistern die Schule so wichtig?

3. Versetze dich in die Lage der Geschwister hinein. Wenn du plötzlich für deine Familie sorgen müsstest – was würdest du tun? Wie würdest du dein Leben organisieren? Wen könntest du um Hilfe bitten? …

4. Suche dir einen Partner. Stellt euch vor, Foffie berichtet dem Moderator eines deutschen Radiosenders von seinem Leben. Überlegt euch, wie es wohl ist, ohne Eltern in einem Flüchtlingslager zu leben. Überlegt euch auch, welche Nöte und welche Hoffnungen Foffie wohl hat. Entwickelt dann das Interview, und spielt es der Klasse vor.

Autoritätspersonen

✔ Regeln verstehen und respektieren

Das Wort „Autorität" leitet sich ab vom lateinischen „auctoritas". Das bedeutet „Würde, Ansehen, Einfluss". Im alten Rom konnten Menschen, denen solche „auctoritas" zugeschrieben wurde, die also sehr geachtet wurden, Ratschläge erteilen in Fällen, in denen es keine gesetzlichen Regelungen gab. „Autoritätspersonen" sind Menschen, die auf Grund ihrer Stellung innerhalb einer Gemeinschaft besonderen Respekt bekommen und nach denen sich das Denken und Handeln anderer richtet. Im Idealfall haben Autoritätspersonen ihre Stellung durch ihr Wissen und ihr Können erreicht und beeinflussen andere auf positive Art und Weise. Aber die Bedeutung des Adjektivs „autoritär", nämlich „unbedingten Gehorsam fordernd, diktatorisch", zeigt, dass Autorität auch missbraucht werden kann.

1. Was glaubst du: Welche Vorteile hat es, wenn es in einer Gemeinschaft Autoritätspersonen gibt? Welche Nachteile kann das möglicherweise haben?

Vorteile	Nachteile

2. Nenne zwei Autoritätspersonen, die du schätzt. Notiere auch, wofür du sie schätzt.

a) ______________________________

____

b) ______________________________

____

3. Was erwartest du von Personen, die du als Autoritäten anerkennst?

____

____

____

4. Was glaubst du: Was erwarten diese Personen von dir?

____

____

____

Wegweiser

✔ Regeln verstehen und respektieren

Klar, Regeln nerven manchmal wirklich. Und manchmal sind sie ziemlich überflüssig. Aber oft sind sie auch durchaus sinnvoll! Eigentlich geht es bei Regeln nämlich nicht einfach darum, was du darfst oder auch musst und was nicht. Regeln sollen das Leben einfacher machen – so, wie Wegweiser es einfacher machen, sich zu orientieren, wenn man unterwegs ist! Ein Leben ganz ohne Regeln führen zu müssen, wäre, als ob man seinen Weg ganz ohne irgendwelche Beschilderungen suchen müsste. Und das wäre doch sinnlos, wo schon so viele Menschen vorher ähnliche Wege gegangen sind. Warum sollten wir nicht von ihren Erfahrungen profitieren?

Regeln sagen dir häufig, wie du dich in bestimmten Situationen verhalten kannst, um diese so gut wie möglich zu meistern.

1. Fertige eine Liste der Regeln an, die du an den folgenden Plätzen beachten musst.

zu Hause	**in der Schule**
im Sportverein	**Freizeit/Sonstiges**

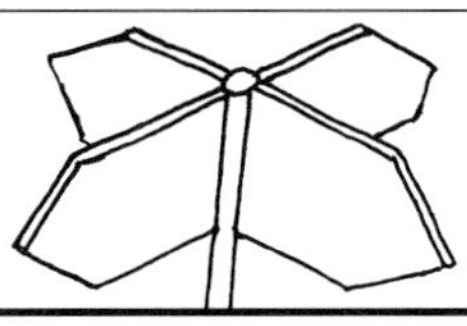

2. Entscheide nun selbst: Welche Regeln davon findest du sinnvoll, welche nicht?

sinnvoll	**nicht sinnvoll**

3. Sammelt nun in der Klasse, und stellt eine „Top Ten"-Liste zusammen: Welches sind die sinnvollsten Regeln, die ihr kennt? Welche Regeln helfen euch, bei Nahem betrachtet, wirklich weiter? Gemeinsam könnt ihr ein Poster gestalten.

Regeln in der Schule

✔ Regeln verstehen und respektieren

Stellt euch vor, ihr habt selbst eine Schule gegründet. Nun sollt ihr für eure Schule ein Regelwerk für die Schüler entwickeln.

1. Bildet Kleingruppen. Notiert zunächst die Bereiche in der Schule, für die es Regeln geben sollte (z.B. die Sicherheit der Schüler).

2. Einigt euch nun auf acht Regeln, die ihr einführen würdet. Überlegt auch, welche Konsequenzen es eurer Meinung nach geben sollte, falls sich ein Schüler nicht daran hält.

Regel	Konsequenz
1.	
2.	
3.	
4.	
5.	
6.	
7.	
8.	

3. Stellt der Klasse eure Regeln vor und vergleicht sie mit denen anderer Gruppen. Welche Gemeinsamkeiten gibt es, welche Unterschiede? Diskutiert über eure Ergebnisse.

Ehrlichkeit und Wahrheitsliebe

✔ Grundwerte verstehen und leben

Die Wahrheitsliebe ist ein tief verankerter Grundwert in unserer Gesellschaft. Aber es ist gar nicht so einfach, immer bei der Wahrheit zu bleiben …

1. Nenne Motive, aus denen heraus Menschen lügen.

2. Glaubst du, dass es Menschen gibt, die niemals lügen? Begründe.

3. Auf einer Skala von 1 (gar nicht) bis 10 (sehr): Für wie wahrheitsliebend hältst du dich? Begründe deine Einschätzung.

1 2 3 4 5 6 7 8 9 10

4. Fällt dir ein Beispiel dafür ein, wie einer Person durch eine Lüge Schaden entstanden ist?

5. Fällt dir vielleicht auch ein Beispiel für eine Lüge ein, durch die größerer Schaden vermieden wurde?

Tauscht euch in der Klasse über eure Beispiele aus, und diskutiert darüber, wie diese Lügen moralisch einzuschätzen sind.

6. Verfasse nun ein kurzes Statement. Wie ehrlich und wahrheitsliebend sollte man sein, und warum?

Integrität beweisen

✔ Grundwerte verstehen und leben

Integrität zu beweisen, heißt, so zu handeln, wie man es für moralisch und ethisch richtig hält. Man denkt darüber nach, welche Auswirkungen das eigene Verhalten auf andere hat und wie man sich selber später fühlen wird. Wer sich integer verhält, ist vertrauenswürdig, aufrichtig und beweist Zivilcourage. Manchmal braucht man eine Menge Mut, um integer zu handeln: Die Meinungen unserer Freunde und Bekannten, aber auch von Menschen, die uns nicht einmal nahestehen, können unter Umständen einen großen Druck auf uns ausüben und bewirken, dass wir etwas gegen unseren Willen tun.

1. Arbeitet in kleinen Gruppen. Sammelt Beispiele für Fälle, in denen eine Person Integrität beweisen und sich gegen andere stellen muss.

2. Sucht euch nun einen der Fälle aus, und entwickelt ein Rollenspiel.

a) Wo und wann findet das Geschehen statt?

____

____

b) Welche Personen kommen vor, und welche Rolle spielen sie?

____

____

____

c) Beschreibt detailliert die Situation, die dem Helden Probleme bereitet. Welche Handlung würde er für richtig halten? Warum? Welchen Anlass hätte er, dennoch wider besseren Wissens zu handeln?

____

____

____

____

____

____

____

d) Denkt euch eine Lösung und einen Schluss aus,

- *in dem der Held sich dem Druck seiner Umgebung beugt,*

____

____

____

____

____

- *in dem sich der Held seinen Freunden widersetzt und nach seinem Gewissen handelt.*

____

____

____

____

____

2. Führt das Rollenspiel mit den beiden Schlüssen der Klasse vor.

3. Bittet euer Publikum, anonym darüber abzustimmen, welcher Schluss den richtigen Weg zur Lösung des Konflikts zeigte. Welcher Schluss erhält mehr Stimmen?

4. Nimm Stellung: Wie wichtig findest du es, integer zu handeln? Warum? Ziehe dabei die Fälle in den Rollenspielen in Betracht.

Der Kampf um Gerechtigkeit

✔ Grundwerte verstehen und leben

Im Dezember 1955 stoppte ein Bus in Montgomery, Alabama, USA. Nach einem anstrengenden Arbeitstag stieg die Afroamerikanerin Rosa Parks ein. Die Sitze im vorderen Teil des Busses waren mit dem Hinweis „Nur für Weiße“ versehen. Sie ging also in die Mitte des Busses, wo sich die Afroamerikaner hinsetzen durften, solange keine Weißen stehen. Rosa setzte sich auf einen dieser Sitzplätze. Einige Haltestellen weiter, als der Bus schon ziemlich voll war, waren alle Sitze im Mittelteil besetzt, und ein Weißer musste stehen. Als der Busfahrer dies bemerkte, forderte er die Afroamerikaner, die im Mittelteil saßen, auf, die Plätze freizumachen und in den hinteren Teil des Busses zu gehen. Als Rosa sich weigerte, hielt der Busfahrer an und forderte sie auf, sofort das Fahrzeug zu verlassen. Rosa aber blieb auf ihrem Platz sitzen. Daraufhin rief der Busfahrer die Polizei. Da Rosa gegen die Rassentrennungsgesetze verstoßen hatte, wurde sie verhaftet. Die Gemeinschaft der Afroamerikaner stellte sich hinter sie.

1. Beantworte mit Hilfe einer Suchmaschine (z.B. Google) folgende Fragen.

A) Wer war Rosa Parks?

Geburtsdatum: ____________________

Geburtsort: ____________________

Wohnort: ____________________

Todesdatum: ____________________

Ort der Beisetzung: ____________________

Beruf (zum Zeitpunkt ihrer Verhaftung):

____

Nenne eine Auszeichnung, die Rosa Parks im Laufe ihres Lebens erhielt:

____

B) Was passierte danach?

- *Nachdem Rosa Parks angeklagt und bestraft worden war, organisierte ein junger Prediger einen Boykott des Busunternehmens. Wer war dieser Mann, der kurz danach weltberühmt wurde?*

____

- *Was geschah danach? Fasse die Ereignisse zusammen, die zur Änderung der Gesetze zur Trennung von Schwarz und Weiß in Bussen führten.*

____

____

____

- *Warum hat Rosa Parks deiner Meinung nach so viele Menschen beflügelt?*

____

____

____

Bereite nun anhand des Beispiels von Rosa Parks einen kurzen Vortrag vor deiner Klasse vor: Warum ist es so wichtig, für Gerechtigkeit einzustehen – auch wenn es manchmal aussieht, als habe man keine Chance?

In Frieden leben

✔ Grundwerte verstehen und leben

1. Stelle dir vor, du sollst einen Lexikoneintrag zu dem Wort „Frieden" verfassen. Was verstehst du darunter? Welche verschiedenen Aspekte von „Frieden", „friedlich" gibt es?

Frieden:

2. Was meinst du – führt deine Familie ein „friedliches" Leben? Begründe.

3. Diskutiert in der Klasse: Lebt ihr in einem „friedlichen" Land? Wenn ja – warum? Wenn nein – warum nicht? Was müsste passieren, damit es friedlicher zugeht? Falls ihr aus einem anderen Land kommt: Welche Erfahrungen habt ihr dort mit Frieden gemacht?

© Verlag an der Ruhr ↗ Postfach 102251 ↗ 45422 Mülheim an der Ruhr ↗ www.verlagruhr.de ↗ ISBN 978-3-8346-0571-9

Der Friedensnobelpreis

✔ Grundwerte verstehen und leben

Bestimmt habt ihr schon einmal vom Friedensnobelpreis gehört. Das ist eine Auszeichnung, die für besondere Dienste in der Friedensarbeit vergeben wird. Gestiftet wurde der Preis von dem schwedischen Erfinder und Industriellen Alfred Nobel. Jährlich wird er an dessen Todestag vergeben. Nobel hat in seinem Testament bestimmt, er solle jeweils jemandem zuteilwerden, der sich erfolgreich „für die Verbrüderung der Völker", „die Abschaffung oder Verminderung der stehenden Heere" oder für die „Bildung und Austragung von Friedenskongressen" engagiert hat. Der Friedensnobelpreis kann sowohl für die gefundene endgültige Lösung eines Konfliktes als auch für die Beteiligung an noch laufenden Friedensprozessen verliehen werden. Nicht selten sorgt seine Verleihung für politische Auseinandersetzungen.
Berühmte Friedensnobelpreisträger sind z.B. der ehemalige amerikanische Präsidentschaftskandidat Albert A. „Al" Gore oder der südafrikanische Politiker Nelson Mandela.

1. Bildet Kleingruppen. Entscheidet euch entweder für Al Gore oder für Nelson Mandela. Findet heraus, inwieweit sich die jeweilige Person um Frieden bemüht und warum sie den Friedensnobelpreis erhalten hat. Informationen findet ihr beispielsweise hier: www.wikipedia.de

Name: ____________________ geboren am: ________________ in: ________________

2. Was glaubst du – welche Gründe kann es haben, dass der Friedensnobelpreis häufig zu politischen Auseinandersetzungen führt?

____

____

____

3. Nenne mindestens drei weitere Personen, die sich um Frieden bemühen bzw. bemüht haben. Wenn dir keine einfallen, recherchiere im Internet.

4. Gibt es eine Person, die sich an eurer Schule besonders für ein friedliches Klima engagiert? Wie tut sie das? Diskutiert in der Klasse darüber. Wenn ihr euch auf jemanden einigen könnt, entwerft einen Friedenspreis, und verleiht ihn der Person. In einem kleinen Vortrag könnt ihr eure Wahl begründen.

Hilfe fürs Seniorenheim

✔ Sich in der Gemeinschaft einsetzen

1. Stellt euch vor, eure Schule erhält folgende E-Mail:

Von: Seniorenheim St. Benedikt
An: Herbert Freser, Schulleiter
Betreff: Besuche im Seniorenheim

Sehr geehrter Herr Direktor,
da wir ja praktisch direkte Nachbarn sind, hätten wir eine höfliche Anfrage.

Manche unserer Bewohner bekommen nur sehr selten Besuch. Vielleicht würden sich einige Ihrer Schüler bereit erklären, ihren Alltag ein wenig zu beleben? Die jungen Leute würden unseren Bewohnern sicherlich eine große Freude machen!

Über eine diesbezügliche Rückmeldung würde ich mich sehr freuen,

herzliche Grüße
Oberschwester Ingeborg

2. Euer Lehrer liest diese E-Mail nun eurer Klasse vor und bittet euch um Hilfe. Überlegt gemeinsam, was ihr tun könntet, um den alten Menschen eine Freude zu bereiten. Es sollte möglichst realistisch sein.

Das kann ich alleine tun:	Das können wir in Kleingruppen tun:	Das kann die ganze Klasse tun:
◗ *vorlesen*	◗ *mit den Bewohnern Gesellschaftsspiele spielen*	◗ *ein Stück aufführen*

3. Euer Lehrer bittet euch, auf die E-Mail zu antworten, eure Ideen zu beschreiben und Vorschläge zu machen, wie die Ideen verwirklicht werden können. Verfasst gemeinsam eine E-Mail an Oberschwester Ingeborg.

4. Vielleicht gibt es in eurer Nähe wirklich ein Seniorenheim, in dem ihr einige eurer Ideen umsetzen könnt?

© Verlag an der Ruhr ↗ Postfach 10 22 51 ↗ 45422 Mülheim an der Ruhr ↗ www.verlagruhr.de ↗ ISBN 978-3-8346-0571-9

Bürgerinitiativen

✔ Sich in der Gemeinschaft einsetzen

Bürger, die ein bestimmtes Interesse vereint, schließen sich manchmal zu so genannten „Bürgerinitiativen" zusammen. Diese Initiativen können sich in der Politik, im sozialen Bereich oder für die Umwelt engagieren. Sie wollen sich normalerweise Gehör bei staatlichen Einrichtungen, Parteien oder anderen Gruppierungen verschaffen oder auf die öffentliche Meinung Einfluss nehmen. Ihr Engagement kann sowohl regional (z.B. Einsatz gegen den Ausbau des örtlichen Flughafens) als auch überregional (z.B. Antiglobalisierungsinitiativen) sein. Bürgerinitiativen machen z.B. durch Unterschriftensammlungen oder Demonstrationen auf sich aufmerksam. Sie können auch Bitten oder Beschwerden an Behörden, Parteien etc. verfassen. Viele Initiativen setzen sich für bessere Umweltbedingungen ein, weitere wichtige Themen sind Spielplätze und Kindergärten, ein besseres Bildungswesen und das Aufbegehren gegen Verkehrsplanungen.

1. Bildet Kleingruppen. Recherchiert im Internet (z.B. bei www.meinestadt.de) drei Bürgerinitiativen, die es in eurer bzw. in der nächstgelegenen Stadt gibt. Wofür engagieren sich die Initiativen? Was haltet ihr von diesem Engagement?

Bürgerinitiative	Ziel	eure Meinung

2. Sucht euch nun eine der Initiativen heraus. Sprecht euch dabei mit den anderen Gruppen ab: Jede Gruppe sollte eine andere Initiative wählen. Nehmt Kontakt auf (am besten telefonisch oder per E-Mail), und lasst euch die folgenden Fragen beantworten. Stellt anschließend die Initiative der Klasse vor.

a) Wann und aus welchem Anlass wurde die Initiative gegründet?
b) Wie ist die Initiative organisiert?
c) Welche Aktionen hat es bereits gegeben?
d) Welche Aktionen wird es in der Zukunft noch geben?
e) Wie schätzen Sie den Einfluss der Initiative ein?

3. Wofür könntest du dir vorstellen, selber eine Bürgerinitiative zu gründen? Begründe.

____

____

____

Hilfsorganisationen 1

✔ Sich in der Gemeinschaft einsetzen

Viele Menschen engagieren sich ehrenamtlich für bestimmte Dinge, sie erwarten dafür keine Bezahlung. So werden beispielsweise viele Hilfsorganisationen neben Spendern auch von zahlreichen Ehrenamtlichen unterstützt. Der ehemalige Bundeskanzler Helmut Kohl hat einmal darüber gesagt: „Ohne die vielen Frauen und Männer, die in Deutschland ein Ehrenamt ausüben, wäre unser Land um vieles ärmer und unser Gemeinwesen so nicht denkbar.“ Und der Schauspieler Oliver Hassenkamp riet seinem Publikum: „Tun Sie gelegentlich etwas, womit Sie weniger oder gar nichts verdienen. Es zahlt sich aus.“

1. Was meinst du – was will Oliver Hassenkamp damit sagen? Gib seine Aussage in eigenen Worten wieder!

____

____

2. In Deutschland gibt es z.B. die folgenden Organisationen:
a) Die örtliche „Tafel“, b) Deutsches Rotes Kreuz (DRK)
c) Technisches Hilfswerk (THW)

Bildet drei Gruppen. Sucht euch jeweils eine dieser Organisationen aus. Füllt die folgende Tabelle aus, und gestaltet dann ein Poster, auf dem Ihr den anderen Gruppen eure Organisation vorstellt!

Unsere Organisation: ______________________

Informationen zur Organisation allgemein	
Mit welchem Alter kann man beitreten?	*Nimmt die Organisation Mädchen und Jungen auf?*
Wen unterstützt die Organisation?	*Worin genau bestehen ihre Aufgaben?*
Informationen zum nächstgelegenen Standort der Organisation	
Ansprechpartner für Ehrenamtliche:	*Anschrift:*

3. Recherchiere weitere Organisationen. In welcher Organisation würde dich eine Mitarbeit am meisten reizen? Warum?

Hilfsorganisationen 2: Fragebogen

✔ Sich in der Gemeinschaft einsetzen

Sucht euch einen Partner. Auf dem Arbeitsblatt „Hilfsorganisationen 1" habt ihr einige Organisationen kennen gelernt und recherchiert. Sucht euch nun eine Organisation aus, die einen Standort in eurer Nähe hat. Setzt euch mit der Organisation in Verbindung, und erkundigt euch, ob ihr an einige ehrenamtliche Mitarbeiter den folgenden Fragebogen verteilen dürft. Wenn ihr das Einverständnis der Verantwortlichen erhaltet, geht ihr am besten zu einem Treffen der Gruppe, um die Bögen zu verteilen. Sollte das nicht möglich sein, könnt ihr auch eine Word-Datei mit eurem Fragebogen erstellen. Vielleicht kann euer Ansprechpartner die Bögen dann per Mail an die Personen weiterleiten, die ihr befragen wollt, dann können diese sie ohne Portokosten ausgefüllt an euch zurücksenden.
Verfasst anschließend einen Artikel mit dem Titel „Menschen im Ehrenamt" für die Schülerzeitung, in dem ihr eure Ergebnisse präsentiert.

Ehrenamt – Ein Fragebogen

Alter der befragten Person: ______ Geschlecht der befragten Person: ____________________

1. In welcher Organisation engagieren Sie sich?

____

____

2. Was hat Sie dazu veranlasst, der Organisation beizutreten?

____

____

____

3. Wie viel Zeit investieren Sie in etwa monatlich in die Arbeit in der Organisation?

____

4. Welche Aufgaben erledigen Sie vorwiegend?

____

____

____

5. Welche Probleme ergeben sich für Sie persönlich im Rahmen Ihrer Arbeit?

____

____

____

____

____

____

6. Wie würden Sie den persönlichen Nutzen beschreiben, den Sie aus Ihrer Arbeit ziehen?

____

____

____

____

____

____

____

Der Tag der roten Nasen

✔ Sich in der Gemeinschaft einsetzen

Der „Red Nose Day" ist aus Großbritannien nach Deutschland gekommen. Dort ist es ein gängiger Brauch, für wohltätige Zwecke Spendentage unter bestimmten Mottos durchzuführen. Im ganzen Land finden dann Aktionen statt; jeder kann sich an der Organisation solcher Aktionen beteiligen. Viele Schüler werden dabei aktiv.
Am „Red Nose Day" werden in Großbritannien seit 1988 einmal im Jahr für ausgewählte Projekte Spenden gesammelt, indem – daher der Name – rote Plastiknasen verkauft werden und überall die Werbetrommel gerührt wird. Insgesamt kamen dabei schon mehr als 315 Millionen Euro zusammen.
Ein deutscher Fernsehsender hat die Idee nach Deutschland gebracht, wo sie leider noch keine Tradition hat und deshalb bislang weniger erfolgreich verlief. Im Rahmen einer Fernsehshow und verschiedener Aktionen wurde auf die ausgewählten Organisationen, für die gespendet werden sollte (z.B. die Kindernothilfe), aufmerksam gemacht.

1. Nehmt euch den „Red Nose Day" zum Vorbild, um selber einen Spendentag zu planen – der muss natürlich nicht gleich deutschlandweit sein; es reicht völlig, wenn ihr ihn an eurer Schule durchführt! Überlegt mit der ganzen Klasse und in Absprache mit eurem Lehrer und der Schule, für welche Projekte ihr es besonders lohnend fändet, Spenden zu sammeln, und wählt ein bis drei Projekte aus. Hier sind ein paar Anregungen für Bereiche, in denen ihr euch engagieren könnt:
- *Unterstützung der Dritten Welt*
- *Unterstützung des Umweltschutzes*
- *Kampf gegen Kinderarmut in Deutschland*

2. Überlegt euch ein Motto, unter dem ihr euren Spendentag bewerben könnt.

3. Überlegt euch nun verschiedene Möglichkeiten, Spenden zu sammeln. Hier sind ein paar Tipps:

- *Ihr könnt die Eltern für diesen Tag an eure Schule einladen.*
- *Ihr könnt etwas verkaufen, z.B. etwas Selbstgemachtes oder Dinge, die ihr nicht mehr braucht (Flohmarkt).*
- *Ihr könnt etwas vorführen.*
- *Ihr könnt im Vorfeld selber Geld sammeln, indem ihr euch eine Kleinigkeit dazuverdient, einen Sponsorenlauf durchführt, bei dem ihr euch beispielsweise von euren Eltern für jeden Kilometer, den ihr lauft, einen bestimmten Betrag auszahlen lasst, und, und, und ... Über diese Aktionen und die Summen, die ihr erreicht habt, könnt ihr dann bei eurem Spendentag berichten.*

4. Überlegt euch, wie ihr für euren Spendentag und für die ausgewählten Projekte werben und andere zum Mitmachen anregen könnt. Hier solltet ihr mit eurem Lehrer euer Budget abklären. Ihr könnt daheim und an der Schule Flyer verteilen, Poster aufhängen usw.

5. Überlegt euch, wie ihr eure Veranstaltungen am Spendentag gestalten wollt. Wird es beispielsweise eine „Show" geben, in der ihr die Hintergründe erklären und etwas vorführen könnt?

6. Legt den Zeitpunkt des Spendentages fest, und verteilt die Aufgaben unter euch.

Weitere Aktivitäten für Schüler

Ziel: Pflicht und Verantwortung verstehen und annehmen

- Die Schüler können in Gruppen Beispiele für verantwortungsvolles oder -loses Handeln sammeln und die gesammelten Fälle im Rollenspiel nachspielen. Welche Folgen hat das Verhalten? Wie fühlen sich die Beteiligten? Die gleichen Fälle können mit dem umgekehrten Verhalten erprobt werden.
- Ein Spaziergang durch die Umgebung, ggf. auch der Schulweg, wird Hinweise auf verantwortungsloses Verhalten liefern, z.B. Kinder, die auf der Fahrbahn spielen, Vandalismus, Graffiti, auf die Straße geworfener Abfall … Die Schüler können aktiv nach solchen Fällen Ausschau halten, sie in der Klasse sammeln und begründen, warum sie das beobachtete Verhalten als verantwortungslos empfinden und welche Konsequenzen es haben könnte.
- Laden Sie einen Polizeibeamten, einen Feuerwehrmann oder einen Mitarbeiter eines Rettungsdienstes in den Unterricht ein. Er sollte mit der Klasse darüber sprechen, warum es wichtig ist, in einer Gemeinschaft Verantwortung zu übernehmen.

Ziel: Regeln verstehen und respektieren

- „Mobiltelefone sollten in der Schule grundsätzlich verboten sein." Die Schüler bilden Pro- und Kontra-Parteien und führen in der Klasse eine Diskussion über diese und ähnliche Regeln.

Ziel: Grundwerte verstehen und leben

- Lassen Sie die Schüler nur für sich eine kleine Lügenstatistik führen: Wie oft sagen sie etwas, das nicht stimmt? Welche Gründe haben sie dafür? Als wie schwerwiegend würden sie selbst die jeweilige Lüge einschätzen, und wie notwendig war sie wirklich an der entsprechenden Stelle?
- Aus der Zeitung können die Schüler Berichte auswählen, die von Menschen handeln, die Integrität bewiesen haben. In der Klasse können sie dann über den Verlauf der Geschehnisse diskutieren. In Medienberichten wie auch in Filmen können sie auch Ausschau nach „gerechten" und „ungerechten" Geschehnissen halten und diese gemeinsam analysieren.
- Eine Umfrage an der Schule wird sicherlich zu interessanten Erkenntnissen führen: „Wie gerecht geht es an unserer Schule zu? Welche Beispiele kannst du für deine Antwort nennen?"
- Inhalt einer Internetrecherche könnte die folgende Frage sein: Welche Organisationen bemühen sich aktiv um Frieden? Wo treten sie dafür ein und wie?
- Lassen Sie die Schüler zum Thema „Krieg und Frieden" Informationen zu einem Ort, der einen ständigen Unruheherd darstellt (z.B. dem Gazastreifen) sammeln und die Problematik, die Geschichte sowie mögliche Lösungsansätze herausarbeiten.

Ziel: Sich in der Gemeinschaft einsetzen

- Wie könnten sich Jugendliche in ihren Gemeinden bzw. Wohnvierteln engagieren? Lassen Sie die Schüler in Gruppen eine Werbekampagne entwickeln, die dazu aufruft und verschiedene Vorschläge unterbreitet. Die Gemeindeverwaltung oder andere Stellen werden sicherlich gerne Tipps geben.

Über den Autor dieses Buches

David Koutsoukis ist australischer Pädagoge mit über 20 Jahren Berufserfahrung. Die Themen „soziales Lernen" und Wertevermittlung begleiten ihn seit langer Zeit. Heute arbeitet Koutsoukis als Berater und unterstützt Schulen bei der Verbesserung ihres Klimas. Er gibt Seminare über Wertevermittlung und führt Workshops mit Kindern und Jugendlichen durch.

Lösungen

Kuriose Fakten, S. 71

a) Es gibt zwei Theorien: Die eine besagt, dass die Mähne vor Prankenhieben von Gegnern schützen soll, die andere, dass Weibchen besonders prächtige Mähnen anziehend finden.

b) Einer der kleinsten Fleischfresser war der Compsognathus, der ungefähr einen Meter lang war. Er lief auf zwei Beinen und hatte etwa die Größe eines Huhnes. Der kleinste Pflanzenfresser war nur etwa 50 Zentimeter lang und heißt Microchpachycephalosaurus.

c) Sobald die Zwiebel angeschnitten wird, entweichen ihr Gase, die unsere Augen tränen lassen, da zwei Stoffe der Zwiebel (eine Aminosäure und ein Enzym) miteinander in Kontakt kommen, die vorher getrennt sind.

d) Das Puzzle wurde 1763 in England von einem Kupferstecher namens John Spilsbury erfunden. Er klebte eine Landkarte von Großbritannien auf ein Holzbrettchen und zersägte dieses entlang der Grenzlinien der verschiedenen Grafschaften.

e) Früher war es sogar eher umgekehrt: Blau für Mädchen, da blau die Marienfarbe ist, rot für Jungen. Erst nach dem ersten Weltkrieg wurde Blau mit Jungen assoziiert, da es die Farbe der Matrosen war, das Gegenstück dann mit Mädchen.

f) Katzen kommunizieren durch Körpersprache, Laute und Gerüche.

g) Einige scheinbare Ungereimtheiten (Flagge weht im Wind, wer hat gefilmt?, Erdkonstellation angeblich falsch) hatten zu der Annahme geführt.

h) nach eigenem Ermessen

i) Das bleibende Gebiss der Hunde hat 42 Zähne. In jeder Kieferhälfte hat es drei Schneidezähne, einen Eck- oder Hakenzahn und vier vordere Backenzähne. Im Oberkiefer gibt es zwei, im Unterkiefer drei hintere Backenzähne. Je einer der Backenzähne ist besonders kräftig. Er wird als Reißzahn bezeichnet. Die Reißzähne greifen wie eine Scherenzange ineinander und ermöglichen das Zerreißen von Fleischstücken.

j) Hauptsächlich dient der Farbwechsel der Kommunikation mit Artgenossen. Er funktioniert durch kleine Muskeln, die darunterliegende Farbpigmente freilegen bzw. verdecken.

Der Kampf um Gerechtigkeit, S. 104

A)
- 04.02.1913
- Tuskegee, Alabama
- Montgomery
- 24.10.2005
- Detroit, Michigan
- Sekretärin, Näherin
- z.B. „Goldene Ehrennadel des Kongresses"

B)
- Martin Luther King
- Fahrpreise stiegen, Gruppe Betroffener klagte gegen Praxis der Rassentrennung, 1956 wurde Prinzip der Rassentrennung in Bussen aufgehoben, Martin Luther King wurde weltberühmt

Literatur- und Linktipps

Literaturtipps

Akin, Teri:
Selbstvertrauen und soziale Kompetenz.
Übungen, Aktivitäten und Spiele für Kids ab 10.
Verlag an der Ruhr, 2000.
ISBN 978-3-86072-552-8

Bildungsteam Berlin Brandenburg e.V.:
Alltagskonflikte durchspielen.
Rollenspiele für den Mediationsprozess.
Verlag an der Ruhr, 2001.
ISBN 978-3-86072-621-1

Blum, Eva; Blum, Hans-Joachim:
Der Klassenrat.
Ziele, Vorteile, Organisation.
Verlag an der Ruhr, 2006.
ISBN 978-3-8346-0060-8

Deubzer, Barbara; Feige, Karin (Hrsg):
City Bound: Erlebnisorientiertes soziales Lernen in der Stadt.
Ziel Verlag, 2004.
ISBN 978-3-937210-09-4

Faller, Kurt; Kerntke, Wilfried, Wackmann, Maria:
Konflikte selber lösen.
Trainingshandbuch für Mediation und Konfliktmanagement in Schule und Jugendarbeit.
Verlag an der Ruhr, 2009.
ISBN 978-3-8346-0526-9

Fiebig, Hartmut; Winterberg, Frieder:
Wir werden eine Klassengemeinschaft.
Soziales Lernen in der Orientierungsstufe.
Verlag an der Ruhr, 1999.
ISBN 978-3-86072-388-3

Großmann, Christina:
Projekt: Soziales Lernen.
Ein Praxisbuch für den Schulalltag.
Verlag an der Ruhr, 1998.
ISBN 978-3-86072-261-9

Keller, Gustav:
Soziales Lernen will gelernt sein: Lehrer fördern Sozialverhalten.
Auer, 2003.
ISBN 978-3-403-03199-4

Kerr, Robert:
Portfoliomappe Selbstdisziplin.
Verlag an der Ruhr, 2007.
ISBN 978-3-8346-0341-8

Klein, Antonia; Schmidt, Brundhilde:
Ich – Du – Wir alle.
33 Spiele für soziales Kompetenztraining.
Verlag an der Ruhr, 2009.
ISBN 978-3-8346-0569-6

Recknagel, Sandy:
Soziales Lernen leicht gemacht!: Gut vorbereitet soziale Kompetenzen vermitteln.
BVK, 2009.
ISBN 978-3-86740-127-2

Wagner, Nicole:
Respekt, Respekt! – Höflichkeit und gutes Benehmen.
Eine Lern-, Diskussions- und Arbeitsmappe.
Verlag an der Ruhr, 2002.
ISBN 978-3-86072-662-4

Wickenhäuser, Ruben Philipp:
Juggern statt Prügeln.
Der Trendsport für Aggressionsabbau und soziales Lernen.
Verlag an der Ruhr, 2006.
ISBN 978-3-8346-0178-0

Linktipps

www.sign-project.de/2_77.php

www.buendnis-toleranz.de

http://blk-demokratie.de

Die in diesem Werk angegebenen Internetadressen haben wir geprüft (Stand Januar 2010). Da sich Internetadressen und deren Inhalte schnell verändern können, ist nicht auszuschließen, dass unter einer Adresse inzwischen ein ganz anderer Inhalt angeboten wird. Wir können daher für die angegebenen Internetseiten keine Verantwortung übernehmen.

Wenn Sanktionen nötig werden: Schulstrafen

Warum, wann und wie?
Wolfgang Kindler
Kl. 5–13, 157 S., 16 x 23 cm, Paperback
ISBN 978-3-8346-0324-1
Best.-Nr. 60324
17,80 € (D)/18,30 € (A)/31,20 CHF

Das Trainingsraum-Programm

Unterrichtsstörungen pädagogisch auflösen
Albert Claßen, Karin Nießen
Kl. 5–10, 151 S., 16 x 23 cm, Paperback, zweifarbig
ISBN 978-3-8346-0149-0
Best.-Nr. 60149
17,80 € (D)/18,30 € (A)/31,20 CHF

Verlag an der Ruhr

Alexanderstraße 54
45472 Mülheim an der Ruhr

Telefon 05 21/97 19 330
Fax 05 21/97 19 137

bestellung@cvk.de
www.verlagruhr.de

Es gelten die Preise auf unserer Internetseite.

Der Klassenrat

Ziele, Vorteile, Organisation
Eva Blum, Hans-Joachim Blum
Für alle Schulstufen, 165 S., A4, Paperback
ISBN 978-3-8346-0060-8
Best.-Nr. 60060
21,80 € (D)/22,40 € (A)/38,20 CHF

Evaluation von Unterricht und Schule

Strategien und Praxistipps
Holger Mittelstädt
Für alle Schulstufen, 164 S., 16 x 23 cm, Paperback
ISBN 978-3-8346-0150-6
Best.-Nr. 60150
17,80 € (D)/18,30 € (A)/31,20 CHF

Kooperatives Lernen – Kooperative Schule

Tipps, Praxishilfen und Konzepte
David W. Johnson, Roger T. Johnson,
Edythe Johnson Holubec
Für alle Schulstufen, 252 S., 16 x 23 cm, Paperback
ISBN 978-3-8346-0021-9
Best.-Nr. 60021
19,– € (D)/19,50 € (A)/33,30 CHF

Erfolgreich unterrichten – Für Profis, Quereinsteiger und Externe

Tipps zu den 55 häufigsten Stolperfallen
Kathy Paterson
Für alle Schulstufen, 144 S., 16 x 23 cm, Paperback
ISBN 978-3-8346-0340-1
Best.-Nr. 60340
17,80 € (D)/18,30 € (A)/31,20 CHF

Basics für Junglehrer

Der optimale Einstieg in den Arbeitsplatz Schule
Holger Mittelstädt
Für alle Schulstufen, 201 S., 16 x 23 cm, Paperback
ISBN 978-3-8346-0063-9
Best.-Nr. 60063
18,50 € (D)/19,– € (A)/32,40 CHF

KlassenlehrerIn sein

Das Handbuch. Strategien, Tipps, Praxishilfen
Kerstin Klein
Für alle Schulstufen, 174 S., 16 x 23 cm, Paperback, zweifarbig
ISBN 978-3-8346-0154-4
Best.-Nr. 60154
17,80 € (D)/18,30 € (A)/31,20 CHF

Strategien • Tipps • Praxishilfen

Verlag an der Ruhr

Alexanderstraße 54
45472 Mülheim an der Ruhr

Telefon 05 21 / 97 19 330
Fax 05 21 / 97 19 137

bestellung@cvk.de
www.verlagruhr.de

Es gelten die Preise auf unserer Internetseite.

Klimawandel – Was hab ich damit zu tun?

Infos, Rollenkarten und Materialien für Diskussionsrunden

12–16 J., A5 quer, Spiralb. (40 vierf. Karten, A5 quer, perforiert + 28-seitiges Begleitmaterial)
ISBN 978-3-8346-0389-0
Best.-Nr. 60389
21,50 € (D)/22,10 € (A)/37,70 CHF

Klimakatastrophe – Energie sparen!

Infos, Hintergründe, Projektideen

10–16 J., 120 S., A4, Paperback
ISBN 978-3-8346-0292-3
Best.-Nr. 60292
20,50 € (D)/21,10 € (A)/35,90 CHF

Natur- und Umweltkatastrophen – Menschengemacht?

Informationen, Hintergründe, Projektideen

12–16 J., 115 S., A4, Paperback
ISBN 978-3-8346-0460-6
Best.-Nr. 60460
20,50 € (D)/21,10 € (A)/35,90 CHF

So essen sie! Fotoporträts von Familien aus 15 Ländern.

Ein Erkundungsprojekt rund um das Thema Ernährung.

Kl. 4–10, 72 S., A4, Paperback , vierfarbig, 16 vierfarb. Bilder A3
ISBN 978-3-8346-0329-6
Best.-Nr. 60329
29,– € (D)/29,80 € (A)/49,– CHF

„Alle Juden sind ...“

50 Fragen zum Antisemitismus

14–99 J., 184 S., 16 x 23 cm, Paperback, vierfarbig
ISBN 978-3-8346-0408-8
Best.-Nr. 60408
19,50 € (D)/20,– € (A)/34,20 CHF

„Ausländer nehmen uns die Arbeitsplätze weg“

Rechtsradikale Propaganda und wie man sie widerlegt

13–99 J., 246 S., 16 x 23 cm, Paperback
ISBN 978-3-86072-992-2
Best.-Nr. 2992
18,50 € (D)/19,– € (A)/32,40 CHF

In den Schlagzeilen

HIV und Aids

Fakten und Hintergründe

12–17 J., 32 S., 21 x 26 cm, Hardcover, vierfarbig
ISBN 978-3-8346-0072-1
Best.-Nr. 60072
12,50 € (D)/12,85 € (A)/22,50 CHF
(Passende Arbeitsmaterialien: Best.-Nr. 60071)

In den Schlagzeilen

Die Europäische Union

Fakten und Hintergründe

12–17 J., 48 S., 21,9 x 29 cm, Hardcover, vierfarbig
ISBN 978-3-8346-0284-8
Best.-Nr. 60284
12,50 € (D)/12,85 € (A)/22,50 CHF
(Passende Arbeitsmaterialien: Best.-Nr. 60285)

Informationen • Hintergründe • Diskussionsanregungen